Jay E. Adams

Seelsorge mit der Bibel

Seelsorge mit der Bibel

von
Jay E. Adams

Christlicher
Missions-
Verlag

ISBN 3-932308-66-2
CMV-Bestellnummer: 30866

Autor: Jay E. Adams

Gesamtgestaltung und Textrevision: CMV
Druck: St.-Johannis-Druckerei C. Schweickhardt
GmbH & Co KG
Printed in Germany

Seelsorge mit der Bibel

von
Jay E. Adams

Christlicher
Missions-
Verlag

ISBN 3-932308-66-2
CMV-Bestellnummer: 30866

Autor: Jay E. Adams

Gesamtgestaltung und Textrevision: CMV
Druck: St.-Johannis-Druckerei C. Schweickhardt
GmbH & Co KG
Printed in Germany

Inhaltsverzeichnis

Vorwort

Viele Leser werden behaupten, man könne die Bibel nicht als Lehrbuch für die Seelsorge verwenden. Das sei nicht ihr Ziel und ihre Absicht. Andere wiederum werden mir vorwerfen, ich sei nicht »fundamentalistisch« genug. Ich gehe davon aus, dass die biblischen Aussagen für unsere Zeit Gültigkeit haben. Auch wenn dieses Buch die kritischen Anfragen nicht unmittelbar beantwortet, so kann man diesen doch keine wirkungsvolleren Argumente entgegenstellen als eine positive biblische Schau und Methodenlehre. Der Leser mag entscheiden, ob mir dies gelungen ist. Ich hoffe, dieses Buch wird für viele zum Ansporn und zur Hilfe für die Seelsorgearbeit.

Jay E. Adams

Einführung

Die Bibel als Grundlage

Die christliche Seelsorge muss sich an der Bibel orientieren[1]

Viele meinen, es könne nicht allzu schwer sein, ein guter Seelsorger zu werden. Aber glauben Sie mir, es ist schwer. Die Widerstände gegen eine biblische Seelsorge sind außerordentlich stark.

Einige, die zu Ihnen in die Seelsorge kommen, werden zu rebellieren beginnen, wenn Sie die Bibel als Grundlage Ihrer Seelsorge verwenden. Als Sünder (und wir sollten nicht vergessen, dass auch Christen sündigen) wollen sie einen leichteren Weg gehen und den Willen Gottes, wie er uns in der Bibel mitgeteilt ist, nicht ohne weiteres akzeptieren.[2] »Sie sind zu hart und gesetzlich!«, wird man Ihnen vorwerfen. Aber biblische Seelsorge wird oft hart sein müssen. Der Tod Jesu Christi war nötig, um unsere Probleme zu lösen.

Oft kommen zum Beispiel jammernde Eltern mit ihrem rebellierenden Sohn, den sie offensichtlich falsch erzogen haben, und sagen: »Kümmern Sie sich um ihn. Sie müssen ihm helfen, mit seinen Problemen fertig zu werden.« Wenn Sie den Eltern antworten: »Sie können die Verantwortung nicht einfach abschieben, und es kostet Sie mindestens sechs bis acht Wochen harter Arbeit, um ein neues Vertrauensverhältnis zu Ihrem Sohn aufzubauen«, werden sie kaum begeistert sein. Oft laufen sie dann lieber zu Glaubensheilern,

Exorzisten und zu Menschen, die sich für begnadet halten, besondere Weisungen und Offenbarungen Gottes zu empfangen; zu solchen, die ausschließlich ihre Erfahrung zum Maßstab machen und die Bibel wie ein Zauberbuch gebrauchen.[3] Auch vom Seelsorger erwarten sie, dass er ein Allheilmittel parat hat, das augenblicklich und ohne Mühe hilft.

Es ist gar nicht so einfach, sich den Forderungen der Ratsuchenden zu widersetzen und nach biblischen Grundsätzen zu handeln. Deshalb sollten Sie den Menschen, die zu Ihnen in die Seelsorge kommen, von vornherein Folgendes klar machen: Man wird nicht von heute auf morgen die Probleme lösen, so sehr man sich das auch wünschen mag, und man wird sie nie ohne die volle Mitarbeit des Ratsuchenden lösen.

Eine andere Tendenz, die die biblische Seelsorge erschwert, ist die Wissenschaftsgläubigkeit vieler Menschen. Sogar Gemeindeglieder, Älteste, Kirchenvorsteher und Kollegen raten dem christlichen Seelsorger ab, sich zu sehr auf die Bibel zu stützen. Man sagt ihm, eine theologische Ausbildung reiche für die Seelsorge nicht aus, er müsse erst noch einige Semester Psychologie studiert haben, um überhaupt damit beginnen zu können.[4] Oder noch direkter: Er solle seine arroganten und unzureichenden biblischen Vorstellungen über Bord werfen. »Denken Sie doch bitte an den Schaden, den Sie anrichten!«

Es wäre verhängnisvoll, wenn Sie aus meinen Worten nun den Schluss zögen, biblische Seelsorge sei bequem zu handhaben und erfordere wenig an Fleiß und harter Arbeit. Was verstehen wir also unter biblischer Seelsorge? Wir verstehen darunter Seelsorge, die

- motiviert ist durch die Heilige Schrift,
- sich in den Voraussetzungen auf die Schrift gründet,
- in Vorgehen und Zielsetzung durch die Schrift bestimmt ist und
- in den Begriffen von der Praxis und den Prinzipien der Schrift geleitet wird.

Mit einem Satz gesagt: Biblische Seelsorge beruft sich ganz auf das Wort Gottes.

Der Seelsorger gebraucht die Bibel als Richtschnur sowohl für sich selbst als auch für den, der Rat bei ihm sucht. Er nimmt die Bibel ernst. Sie zeigt ihm nicht nur, wie er in den verschiedenen Situationen vorgehen soll, sondern – und das möchte ich besonders betonen – sie rüstet den »Mann Gottes«[5] auch »für jedes gute Werk, zu dem er berufen ist« aus und macht ihn vollkommen (2. Timotheus 3, 17)[6]. Wenn sich der Verkündiger des Evangeliums also zum Seelsorgedienst gerufen weiß, dann darf er damit rechnen, dass ihn Gott auch für diesen Dienst ausrüsten wird. Das führt uns zu dem Hauptthema.

Die Bibel ist das Lehrbuch für die Seelsorge

Jesus wird von Jesaja als der »Wunderbar-Rat« bezeichnet. Er war der vollkommenste Seelsorger in dieser Welt, und er berief sich dabei auf »die Schrift«. Wo anders als in der Bibel findet man konkrete Antwort auf die zwei wichtigsten Fragen der Seelsorge:

1. *Wie liebe ich Gott?*
2. *Wie liebe ich meinen Nächsten?*

Wenn ein Ratsuchender zu einem Seelsorgegespräch kommt, dann sollten wir uns nicht lange mit nebensächlichen Dingen aufhalten, sondern so bald wie möglich ins Zentrum vorstoßen. Wir fragen nach seinem Verhältnis zu Gott und sprechen mit ihm über die Schwierigkeiten, die er in der Beziehung zu seinen Mitmenschen hat. Martin Lloyd-Jones sagt: »Jeder Bereich unseres Lebens wird in der einen oder anderen Form in der Heiligen Schrift angesprochen.«[7] Viele Seelsorger versuchen nun aber, einen Kompromiss zu schließen. Sie akzeptieren die Bibel zwar, sie wollen sie jedoch nicht ausschließlich gelten lassen. Hier muss aber die wichtige Entscheidung fallen. Entweder ist Seelsorge ganz an das Wort Gottes gebunden oder sie stützt sich notgedrungen auf ganz andere Faktoren.

Die Bibel lehrt den Seelsorger alles, was er über Gott, sich selbst und seinen Nächsten wissen muss

Die Bibel spricht vom Menschen als nach Gottes Bild erschaffen. Sie weist auf sein Grundproblem hin, nämlich die Sünde, aber auch auf seine Rettung durch Christus. Dazu zeigt sie dem Seelsorger, worum es in der Seelsorge geht, was er als Befähigung braucht und wie er vorgehen soll.

Nur eine an die Bibel gebundene Seelsorge ist fähig, den Problemen des Menschen zu begegnen

Anhand einiger Beispiele will ich nun zeigen, was biblische Seelsorge in konkreten Fällen bedeutet. Ich beginne mit einem der grundsätzlichen Probleme des Menschen überhaupt – dem Tod. Die Frage ist: Wer kann eine verzweifelte Frau, deren Mann plötzlich gestorben ist, trösten? Wenn wir uns auf Gottes Wort verlassen, dann haben wir nicht nur die Möglichkeit, sondern auch den Auftrag dazu. »So tröstet euch nun untereinander« (1. Thessalonicher 4,18). Die biblischen Tatsachen in 1. Thessalonicher 4 sind zugleich wie ein Anker für den Christen, der ihn davor bewahrt, vom Schmerz weggespült zu werden. Wer Hoffnung hat, kann alles ertragen. Deshalb sind Christen auch nicht so »traurig wie Menschen, die keine Hoffnung haben« (1. Thessalonicher 4,13).

Ein anderes häufiges Problem in der Seelsorge sind Eheschwierigkeiten. Oft scheint es keine Möglichkeit mehr zu geben, eine Ehe zu retten. Einer ist des anderen überdrüssig. Sie haben sich nichts mehr zu sagen. Von Liebe ist keine Spur zu entdecken. Was kann ein Eheberater außer der

Scheidung in solch einer Situation schon raten? An welch dünnem Faden hängt doch die Hoffnung auf eine glückliche Ehe in einer Zeit, in der Verfehlungen in der Ehe so häufig vorkommen! Aus welcher Quelle soll der Berater schöpfen, um neu zu ermutigen, und welche Autorität befähigt ihn, noch etwas zu retten oder gar eine Versöhnung herbeizuführen? Ist er nicht hoffnungslos überfordert?

Der christliche Seelsorger kann in dieser Situation Folgendes tun. Er kann im Auftrag Gottes sagen: »Dass Sie zur Beratung gekommen sind, zeigt mir, Sie möchten Ihre Ehe retten. Nach allem, was Sie mir erzählt haben, besteht für Sie auch gar kein Anlass, Ihre Ehe aufzulösen. Sie haben schließlich kein Recht dazu. Tun Sie beide Buße, versöhnen Sie sich und bauen Sie Ihre Ehe ganz neu auf. Die Bibel enthält alle Informationen, die Sie brauchen, um neu anzufangen...«

Der Seelsorger wird den Eheleuten dann diese biblischen Prinzipien erklären. (Ich will nicht im einzelnen darauf eingehen, da ich dies schon an anderer Stelle getan habe.[8]) Er wird sie zu diesem Schritt ermutigen und ihnen sagen: »Wenn Sie sich Gott völlig anvertrauen, wird sich Ihre Ehe innerhalb weniger Wochen positiv verändern. Sie werden über Gottes Macht staunen. Es gibt keinen Grund, der Sie daran hindern könnte, mit seiner Hilfe sofort damit zu beginnen. Was meinen Sie dazu?«

Bei diesen Problemen kann nur der Seelsorger helfen, der mit Gottes Verheißungen und seinem konkreten Rat rechnet. Er darf seine Beratung im Vertrauen und in Vollmacht durchführen, weil hinter seinem Dienst die Autorität des Wortes Gottes steht. Er muss nicht die neuesten Forschungsergebnisse abwarten, um herauszufinden, ob so schwierige Probleme wie Homosexualität oder Alkoholismus krankhafte Ursachen haben oder erst später erworben worden sind. Gott sagt unmissverständlich, dass es sich in beiden Fällen um Sünde handelt, und darin liegt Hoffnung für uns.

Gott hat uns nämlich nicht versprochen, dass er *jede*

Krankheit heilen will; er verheißt auch nicht, genetische Strukturen zu ändern; aber durch Jesus Christus hat er uns Befreiung von *jeder Sünde* versprochen. Gott hat ausdrücklich gesagt, dass uns nicht nur *vergeben* wird, sondern wir dürfen damit rechnen, dass wir diese Sünden *überwinden* können. Paulus schreibt den bekehrten Korinthern: »... und das sind etliche von euch *gewesen,* aber ihr seid abgewaschen, ihr seid geheiligt.« (1. Korinther 6,11)

Die Autorität der Heiligen Schrift, die Forderungen und Befehle Jesu werden im Allgemeinen von denen als »lieblos« bezeichnet, die die Bibel aus der Seelsorge verbannen möchten. Sie sehen den Unterschied zwischen notwendiger Autorität und angemaßtem autoritärem Verhalten nicht. Mit ihrer Forderung sägen sie den Ast ab, auf dem sie sitzen sollten. Wo keine vollmächtigen Anweisungen gegeben werden, ist alles im Fluss, ist nichts gewiss, gibt es keine berechtigte Hoffnung.

Es kann gut sein, dass die erste Reaktion Bestürzung und Erschrecken ist, wenn jemand erkennt, wie weit sein Leben vom Willen Gottes abweicht. Wenn Gott aber etwas von uns fordert, gibt er uns auch die Kraft, seinen Befehlen nachzukommen.

»Aber«, so mögen Sie jetzt einwenden, »Eheberatung und Trauernde zu trösten ist noch etwas anderes als beispielsweise Schwermütigen oder verhaltensgestörten Menschen zu helfen. Was wollen Sie da mit der Bibel anfangen?«

Ich will diese Frage mit einem Beispiel aus der Praxis beantworten. Ein Mann in mittlerem Alter, nennen wir ihn Fred, benahm sich über mehrere Jahre hindurch so anormal, dass er schließlich in eine Nervenklinik eingewiesen wurde. Dort verordnete man ihm Medikamente, und er wurde gleichzeitig psychotherapeutisch und psychiatrisch behandelt. Aber alles blieb erfolglos. Als er zu uns in die Seelsorge kam, war dies sozusagen der letzte Versuch.

Schon nach sechs Beratungen war sein Problem gelöst.

Seit zwei Jahren führt Fred nun ein vorbildliches Leben als Christ. Worin lag der Erfolg dieser Beratung? Im Vertrauen auf das Wort Gottes! Da bei der ärztlichen Untersuchung (die wir in schwierigen Fällen empfehlen) keine organischen Schäden oder Störungen festgestellt wurden, vermutete der Seelsorger, dass Freds Schwierigkeiten ihre Wurzeln in einer Sünde hatten. Deshalb setzte er dort mit seiner Hilfe ein. Sein Ziel war nicht, die Symptome zu behandeln, wie das in der Nervenklinik versucht worden war; es ging ihm auch nicht so sehr darum zu klären, wer in der Vergangenheit an Fred schuldig geworden war, wie das oft in der Psychotherapie geschieht. Der Seelsorger richtete sein Interesse auch nicht auf Freds Gefühle. Er suchte vielmehr nach der Ursache (im Verhältnis zu Gott oder dem Nächsten), die die Schwierigkeiten verursacht hatten.

Nach ein paar Beratungen entdeckte er durch gezielte Fragen, dass Fred an seinem Körper schuldig geworden war, der doch ein Tempel des Heiligen Geistes sein sollte. Fred schlief zu wenig. (Dieselben Wirkungen, wie sie von LSD oder anderen Rauschmitteln ausgehen, können auch durch einen extremen Mangel an Schlaf hervorgerufen werden.) Freds außergewöhnliches und anormales Verhalten war meist die Folge von zu wenig Schlaf. Es wurde ihm klar, dass er sich dadurch an Gott versündigt hatte. Er beugte sich unter seine Schuld und empfing Vergebung. Seine Lebensgewohnheiten wurden überprüft und an den biblischen Maßstäben ausgerichtet. So wurde sein Problem gelöst.

Woher wusste der Seelsorger, wie er zu handeln hatte? Ihm war klar, dass er zunächst die Gründe ausfindig machen musste, die für dieses Problem verantwortlich waren. Weil er der Bibel glaubte, kamen nur zwei Ursachen in Betracht:

1. organische Ursachen,
2. nichtorganische Ursachen.

Organische Ursachen können entweder erblich sein oder

durch Unfall bzw. toxische Zerstörung der Hirnzellen usw. hervorgerufen werden. Alle anderen Schwierigkeiten, die nicht auf organische Ursachen zurückzuführen sind, werden in der Bibel als das Ergebnis von Sünde bezeichnet. Sie kennt keine dritte, neutrale Kategorie, die es einem Nichtorganisch-Kranken erlauben würde, für sein Fehlverhalten Entschuldigungen anzuführen, und auch die Medizin konnte sie bisher nicht nachweisen.[9]

Wenn man das Fehlverhalten eines Ratsuchenden auf etwas anderes als Sünde zurückführt, dann ist man blind für seine tief sitzenden Nöte. Sie können nur durch Wiedergeburt, Vergebung, Heiligung usw. gelöst werden. Für nichts Geringeres hat der Sohn Gottes sein Leben hingegeben. Das heißt: Nur die Seelsorge, die von biblischen Voraussetzungen ausgeht, kann wirklich helfen.

Niemand sollte deshalb sagen, dass der dem Wort Gottes vertrauende Berater nicht die Voraussetzungen zur Seelsorge habe und im Hintergrund bleiben müsse, bis er sie von seinem heidnischen Kollegen gelernt habe. Das Gegenteil ist richtig, und es ist an der Zeit, dass christliche Seelsorger darauf hinweisen. Ich erinnere nur an das Wort des Psalmisten: »Ich bin klüger als alle meine Lehrer, denn deine Zeugnisse sind meine Rede« (Psalm 119,99). Wir wollen uns nun mit den praktischen Fragen der Seelsorge mit der Bibel beschäftigen.

Kapitel 1

Probleme erfassen

Die Probleme müssen vom Wort Gottes her verstanden werden

Die biblische Seelsorge hat fünf wesentliche Kennzeichen der Beratung. Es sind Folgende:

1. Die Probleme des Ratsuchenden müssen richtig – und das heißt biblisch – beurteilt werden. Das bedeutet:
2. Wir müssen die Bedeutung und das Ziel bestimmter Aussagen der Schrift erfassen, und zwar nicht nur was das darin beschriebene Problem, sondern auch was seine Lösung betrifft. Dabei sind wir auf das Wirken des Heiligen Geistes angewiesen.
3. In der Beratung müssen der Ratsuchende und seine Probleme mit Gott und seiner Erlösung zusammengebracht werden.
4. Es muss deshalb ein Plan für das weitere Vorgehen entwickelt werden, wie man das Problem auf biblische Weise lösen will.
5. Der Ratsuchende muss mit diesem Vorgehen einverstanden sein.

Jedes dieser fünf Kennzeichen wollen wir nun im Einzelnen besprechen.

Die Probleme des Ratsuchenden müssen richtig – und das heißt biblisch – beurteilt werden

Der biblisch orientierte Seelsorger wird sich mit den Aussagen des Ratsuchenden ebensowenig zufriedengeben wie mit dem Bericht einer Beratungsstelle oder den Ergebnissen eines Tests oder dem ersten Eindruck, den er selbst von den Problemen des Ratsuchenden gewonnen hat. Der Berater muss mehr wissen. Er kann in zweifacher Weise vorgehen:

1. Er bemüht sich, alle wichtigen Daten, die mit dem Problem im Zusammenhang stehen, herauszufinden. Der Ratsuchende selbst, seine Eltern, sein Ehepartner oder andere beteiligte Personen sind dabei die ersten Informanten. Wie wir an anderer Stelle schon deutlich machten, gewinnt der Seelsorger diese Informationen nicht nur durch mündliche Äußerungen.[1]
2. Der Seelsorger stellt gezielte Fragen; er erfährt Einzelheiten durch das Auswerten der Arbeitsblätter »Problemstrukturen«[2]; auch evtl. Schwierigkeiten beim Anfertigen von Hausaufgaben und andere Formen nichtverbaler Mitteilungen sind Möglichkeiten, wichtige Informationen zu gewinnen.

Der Postbote brachte mir gerade vor einigen Tagen den Brief eines christlichen Arztes aus Übersee, der eng mit einem Seelsorger zusammenarbeitet. Er schreibt: »In der letzten Woche hatte ich mit einem Patienten zu tun, bei dem ich lange nicht vorankam. Es handelte sich um einen leitenden Bankangestellten, der nach einer kurzen Krankheit durch nichts zu überreden war, seine Arbeit wiederaufzunehmen. Ich war zunächst der Ansicht, die Arbeit sei sein Götze gewesen und seine jetzige Weigerung die Folge einer schmerzhaften Ernüchterung. Herr X (der Seelsorger) kam dem Problem dann auf den Grund, als er herausfand, dass der Mann wegen der Bequemlichkeit eines älteren Angestellten einen solchen Groll aufgestaut hatte (obwohl er nach außen ein freundliches englisches Lächeln zur Schau trug), dass er einfach außer Stande war, weiter zur Arbeit zu gehen.«

Obwohl uns die Einzelheiten des Falles nicht bekannt sind, werden aus dem kurzen Bericht doch drei Dinge ersichtlich:

a) Der Bankangestellte hatte das wirkliche Problem nicht genannt. Herr X musste der Sache »auf den Grund« gehen.

b) Obwohl der Arzt in biblischen Kategorien dachte, hatte er mit seiner ursprünglichen Diagnose Unrecht. Er hatte noch nicht die notwendigen Informationen gesammelt, um das Problem richtig beurteilen zu können (vielleicht verwies er den Ratsuchenden an Herrn X, weil er selbst nicht genügend Zeit für eine Analyse fand).

c) Herr X sammelte diese Daten, sie wurden analysiert und biblisch beurteilt. Herr X und seine Kollegen haben das Problem dann unter biblischen Gesichtspunkten durchgesprochen. Sie kamen zu dem richtigen Ergebnis. Sie hatten dabei Bibelstellen wie Epheser 4,26b vor Augen. Dort heißt es: »Lasst die Sonne nicht über eurem Zorn untergehen.« Sie nannten das Problem dann nicht modisch »Neurose« oder »Abwehrmechanismus«. Sie sprachen auch nicht von »Repression« (ein Wort, das sehr stark von Freud her bestimmt ist), sondern nannten das Problem im biblischen Sinne beim Namen: Die Sünde ist der Groll.

Andere Bezeichnungen mögen barmherziger klingen, aber sie sind es nicht. Herr X und seine Freunde waren barmherzig, weil sie Sünde Sünde nannten. Jeder Christ weiß nämlich, dass Jesus kam, um das Problem der Sünde zu lösen.

Andere Bezeichnungen nehmen nicht nur die Hoffnung und verwirren die Lage, sondern weisen auch in die verkehrte Richtung. Wer die Dinge ausschließlich in psychiatrischen Kategorien einordnet, sucht auch die Lösung in der Psychiatrie. So führt er aber den Seelsorger und den Ratsuchenden von der Bibel weg. Bei einer Neurose würde wohl niemand empfehlen, Buße zu tun.

Wenn das wirkliche Problem also die Sünde ist, sind die psychiatrischen Kategorien in ihrer Ausschließlichkeit unbarmherzig, denn sie führen von der Lösung des Problems weg. Und was noch dazukommt, diese »Umleitung« ist selber Sünde. Letzten Endes ist sie eine Auflehnung gegen Gott, weil sie Gottes Wort, Gottes Sohn und Gottes Geist zurückweist, als seien diese nicht zuständig.[3]

Es ist für christliche Seelsorger also wichtig, alle wesentlichen Informationen über das Problem des Ratsuchenden zu sammeln und diese biblisch zu beurteilen. Wenn ein Problem organische Ursachen hat oder wenn organische Ursachen mitspielen, wird er dies festzustellen haben, um in Übereinstimmung mit biblischen Grundsätzen auch medizinische Hilfe heranzuziehen.[4] Wenn die Schwierigkeiten des Ratsuchenden keine organischen Ursachen haben, wird der Seelsorger die Sünde beim Namen nennen und entsprechend handeln. Für den weiteren Verlauf der Seelsorge ist nichts wichtiger als diese Grundlage. Wenn hier keine Ordnung herrscht, ist auch alles andere nicht in Ordnung.

Es genügt aber nicht, nur Tatsachen zusammenzutragen. Der Seelsorger muss vor, während und nach jeder Beratungsstunde die Ergebnisse nach biblischen Normen beurteilen. Er wird die Probleme eines Alkoholikers also nicht unter dem Etikett »alkoholkrank« behandeln, sondern sie als Sünde bezeichnen.

Für den christlichen Seelsorger ist daher nicht die psychologische oder psychiatrische, sondern eine entsprechende biblisch-theologische Ausbildung die beste Voraussetzung. Er muss die Bibel intensiv und regelmäßig studieren, um sich gründlich mit den Verheißungen, Warnungen, Verboten, Befehlen und Methoden Gottes zu befassen. Der gute Seelsorger wird es lernen, sein biblisches Wissen in die seelsorgerliche Situation einzubringen. Er kann dabei natürlich nur so viel einbringen, wie er sich vorher durch ein sorgfältiges Studium angeeignet, verarbeitet und für solche Gelegenheiten verfügbar gemacht hat.

Nicht jede Art von Auslegung wird dem Seelsorger nützen. Paulus spricht von einer Exegese, die *praktisch* ausgerichtet ist »mit aller Weisheit« (Kolosser 3,16). Wie gewinnt man eine solche exegetische Fähigkeit? Der einzige Weg, die Schrift praktisch und nicht nur theoretisch auszulegen, ist, sie praktisch und nicht nur theoretisch anzuwenden. Wenn Paulus sagt, das Wort soll »reichlich unter euch wohnen«, dann meint er nicht das reichliche Anhäufen von Wissen, sondern er will, dass die biblischen Tatsachen unser Leben verändern.

Deshalb studiert der Seelsorger nicht in erster Linie die Bibel, weil er Informationen für Predigt und Seelsorge bekommen möchte, sondern weil es für sein eigenes Leben wichtig ist. Dabei kann ihm die Bedeutung einer bestimmten Verbform Erkenntnis der Sünde bringen; und ein persönliches Fürwort an einer bestimmten Stelle kann dankbare Freude auslösen. Solches Forschen in der Schrift ist nicht theoretisch, sondern praktisch ausgerichtet. Das Leben des Seelsorgers im Verhältnis zu Gott und zu seinem Nächsten wird dabei unter die Lupe genommen. Er steht *unter* der Schrift und nicht über ihr, und weil er erfahren hat, dass die Wahrheit Gottes seine Sünde ans Licht bringt und ein Richter der Gedanken und Sinne ist, dass Gottes Verheißungen ermutigen, dass Gott tröstet, heilt und anspornt, kann er dasselbe Wort auch mit Weisheit an andere weitergeben.

Die Probleme des Ratsuchenden sind von derselben Art wie die des Seelsorgers selbst, denn auch er ist ein Sünder.

Deshalb kann er auch die Lösungen, die er für sich selbst gefunden hat, für andere praktisch anwenden. Damit meine ich nicht, dass er jede Situation des Ratsuchenden selbst erleben muss. Er muss nicht Ehebruch begangen haben, um einem Ehebrecher helfen zu können. Aber die Versuchungen, die ihm sein eigenes ehebrecherisches Herz bereitet, und auch die biblische Hilfe, die er in diesen und anderen Situationen bereits empfangen hat, versetzen ihn in die Lage, das Wort verständlich weiterzugeben. Wie Paulus ist er im Stande »zu trösten, die da sind in allerlei Trübsal, mit dem Trost«, der ihn selbst getröstet hat, als er in Trübsal war – wenn auch vielleicht in einer andersartigen (vgl. 2. Korinther 1,3-7).

Wir erkennen: Der christliche Seelsorger muss sich vor allem anderen darum bemühen, die Probleme des Ratsuchenden richtig zu erkennen. Dies geschieht, indem er die Probleme nach biblischen Maßstäben beurteilt, biblische Zusammenhänge erkennt und die Probleme bei ihrem biblischen Namen nennt. All dies ist niemals nur von wissenschaftlichem Interesse, weil der Seelsorger es von A bis Z mit Dingen zu tun hat, die ihn auch ganz persönlich berühren.

Kapitel 2

Mit der Bibel arbeiten

Wir müssen die Bedeutung und das Ziel bestimmter Aussagen der Schrift erfassen – und zwar nicht nur, was das darin beschriebene Problem, sondern auch, was seine Lösung betrifft

Viele Verkündiger haben diese auf das Ziel gerichtete Exegese entweder gar nicht beachtet oder ihre Bedeutung unterschätzt. Wer sich mit der Geschichte der christlichen Verkündigung und insbesondere mit dieser Frage befasst, muss leider zu diesem Ergebnis kommen. Obwohl Pastoren und Mitarbeiter das Beste wollten, haben sie die Bibel immer wieder zugunsten ihrer eigenen Ziele ausgelegt. Wie ist es anders zu erklären, dass die unglaublichsten – einander häufig widersprechenden – Deutungen und Lehren vertreten und im Namen Gottes verheerende Ratschläge gegeben wurden? (Gott hat freilich auch schon manche danebengegangene Predigt, die wenig mit dem Bibeltext zu tun hatte, gebraucht.) Die hervorragende Rolle der auf das Ziel gerichteten Exegese ist jedoch nicht nur für die Predigt, sondern in gleicher Weise auch für die Seelsorge wichtig.

Der Seelsorger wird nur Vollmacht haben, wenn er dem Ratsuchenden zeigen kann, dass die Anweisung, die Warnung oder die Hoffnung, von der er spricht, biblisch begründet ist. Sie wird fehlen,

a) wenn der Seelsorger das Ziel der Schriftstelle nicht kennt,

b) wenn er sie auf eine Situation anwendet, die dem Bibelwort nicht entspricht,

c) wenn er dem Ratsuchenden Zweck und Ziel des Bibelwortes nicht klar zu machen versteht.

Der Seelsorger sollte wie Paulus mit gutem Gewissen sagen können: »Denn wir sind nicht wie die vielen, die das Wort Gottes verfälschen.« (2. Korinther 2,17)

Zu a: Der Seelsorger muss das Ziel jedes Textabschnitts kennen, den er in der Seelsorge benutzt. Es genügt dabei nicht, über die grammatisch-philologische, die biblisch-theologische oder die systematische Seite eines Textes informiert zu sein. Jede dieser Disziplinen spielt eine wichtige Rolle in der biblischen Exegese. Ohne ihre Zuhilfenahme wird es oft sogar unmöglich sein, das Ziel eines Textes zu erkennen. Dennoch kann es vorkommen, dass all das in der Exegese zwar berücksichtigt, aber in der Predigt oder in der Seelsorge dann doch falsch angewendet wird.

So wird die Geschichte vom suchenden Vater und dem schmollenden älteren Bruder zum »Gleichnis vom verlorenen Sohn«. Die rein wissenschaftlichen Untersuchungen schützen auch nicht davor, die beiden Gebote der Gottes- und Nächstenliebe dann doch zu psychologisieren, indem man noch ein drittes Gebot hinzufügt, nämlich »Liebe dich selbst«. Dieses wird sogar vielfach zur Grundlage für die beiden anderen gemacht, obwohl ein solcher Gedanke der ganzen Bibel zuwiderläuft und auch den Worten Jesu widerspricht, der ausdrücklich von *zwei* Geboten geredet hat: Der Liebe zu Gott und der Liebe zum Nächsten (Matthäus 22,40).

Als Christus den Jüngern befahl, ihre Nächsten wie sich selbst zu lieben, meinte er damit nicht, sie sollten sich zuerst selbst lieben lernen und dann für den anderen genau das tun, was sie auch für sich selbst tun würden. Vielmehr betont er damit die Intensität und Hingabe dieser Liebe. Jesus sagt nämlich, dass das zweite Gebot dem ersten ebenbürtig ist. Die Worte »den Nächsten wie dich selbst« entsprechen daher dem Satz »Gott von ganzem Herzen«. Glut und Echtheit der Liebe sollen hervorgehoben werden, also: »Liebe den Nächsten mit solcher Begeisterung, wie du dich selbst liebst.« Wenn man diese Bibelstelle psychologisiert, verfällt man einem schrecklichen Irrtum. Gottes Wort wird falsch ausgelegt und die eigene Meinung (und nicht das Wort Gottes) zum Maßstab für das Leben erhoben. Die Folge sind schließlich endlose Spekulationen über richtiges und falsches Sich-selbst-Lieben und Selbstbewusstsein.

Man kann viel Zeit und Kraft mit dem Versuch verschwenden, das eigene Ich zu stärken. Dieses Unternehmen wird in der Bibel mit keiner Silbe befürwortet, und es ist so vergeblich wie die Jagd nach dem Glück. Selbstbewusstsein entsteht wohl kaum, indem man wie verrückt danach sucht. Man bekommt es aber umsonst, wenn man Gott und seinen Nächsten liebt. Der Christ, der sich auf diese beiden Gebote konzentriert, wird wenig Probleme mit dem so genannten »dritten« haben; denn Jesus hat gesagt: »Wer sein Leben findet, der wird es verlieren; und wer sein Leben verliert um meinetwillen, der wird es finden.« (Matthäus 10,39)

Zu b: Der Seelsorger muss die *Absicht* eines Textes kennen, um ihn richtig anzuwenden. Was erwartet Gott in bestimmten Situationen? Warnt er uns? Ermutigt er? Spornt er an? ... Um das herauszufinden, sollte der Seelsorger gewissenhaft exegetisch arbeiten, damit er einem Text nicht eine Zielsetzung unterschiebt, die Gott niemals damit verfolgt hat (oft gibt es neben der Hauptaussage eines Textes natürlich auch wichtige Nebenaussagen). Das macht ihn nicht nur treu in der Auslegung, sondern auch im Gebrauch der Bibel.

In dieser Hinsicht haben einige Prediger und Ausleger den Protestantismus weit zurückgeworfen, weil sie die großartige Methode Calvins, sich auf das Ziel eines Textes zu konzentrieren, aufgaben. Statt dessen machten sie es zu ihrer Gewohnheit, Fragen aus dem Bereich der systematischen Theologie, die sich auf ein Wort oder einen Satz im Text bezogen, ausführlich zu erörtern, auch wenn der Textzusammenhang das nicht rechtfertigte. So arbeitete man diese Wortzusammenhänge als Hauptziel heraus, der Sinn des ganzen Textes aber blieb dunkel. Kein Wunder, dass viele ihrer Kommentare vor allem sehr umfangreich waren. Zu diesen lehrhaften Abhandlungen eines Textes fügten einige auch praktische Anwendungen hinzu. Unter dieser Überschrift wurde jede kleinste Andeutung des Textes – manchmal stark moralisierend – auf das Leben bezogen. Der Text wurde bis zum Letzten ausgepresst.

Gottes Wort muss benutzt werden, weil es beschreibt, wie Gottes Ziele zu erreichen sind. Deshalb ist jeder willkürliche und oberflächliche Gebrauch der Bibel abzulehnen, da er das Ziel des Textes nicht beachtet. Das gilt auch für jene Methode, wonach die Bibel wie ein Rezeptbuch behandelt wird. Einzelne Bibelstellen sollen zusammenhanglos und unerklärt wie eine Arznei bestimmte Wirkungen erzielen, auch ohne dass der Empfänger weiß, was er schluckt.

Zu c: Die Schrift muss vom Seelsorger »geöffnet«, das heißt, erklärt werden (vgl. Lukas 24,32), wenn die Herzen der Ratsuchenden »brennen« sollen. Wenn sich Jesus zu erkennen gibt als der, von dem »alle Propheten geredet haben«, hört das Moralisieren auf, alle unbrauchbaren Liebhabereien verschwinden, und das Ziel eines Bibeltextes findet in Christus seine Erfüllung. Wie findet man nun aber das Ziel eines Bibeltextes?

1. Indem man ihn daraufhin erforscht (was man nicht sucht, findet man auch nicht) und
2. indem man auf bestimmte Stichworte und Hinweise achtet.

Manche dieser Hinweise sind oft gar nicht schwer zu finden, andere dagegen treten wenig hervor. Einige dieser Zielaussagen beziehen sich auch auf die ganze Heilige

Schrift. Paulus schreibt zum Beispiel, dass die Schrift einem doppelten Zweck dient: »zu unterweisen zur Seligkeit« und »zu lehren, zu überführen, zu bessern und zu erziehen in der Gerechtigkeit« (2. Timotheus 3,15-16). Jede Schriftstelle hat damit entweder ein evangelistisches oder ein lehrmäßiges Ziel.

In Lukas 24,27 spricht Christus von sich als dem »Subjekt« der Schrift. Wir werden darin also die Grundausrichtung der Bibel überhaupt zu sehen haben. Der Seelsorger muss deshalb Christus in jedem Bibeltext sehen, den er gebraucht. Er darf die Bibel also niemals ausschließlich moralisch oder humanistisch gebrauchen, denn ihre Grundlage ist Christus und seine Erlösung.

Auf dieser Grundlage wird er dennoch den Bibeltext auf seine besondere Zielrichtung hin untersuchen. Zunächst sollte man mit einer groben Einteilung der biblischen Bücher und einzelner seelsorgerlich ausgerichteter Bibeltexte beginnen. Diese sind nach den beiden oben erwähnten Hauptzielen einzuteilen, in Evangelisation und Weiterführung im Glauben. Das Johannesevangelium und der 1. Johannesbrief weisen zum Beispiel sehr klar auf ihre Zielsetzung hin.

Das Evangelium wurde geschrieben, »damit ihr *glaubt*« (Johannes 20,31), und der Brief, »damit ihr, die ihr glaubt, *wisset*« (1. Johannes 5,13). Und tatsächlich wurden gerade Verse wie Johannes 1,12; 3,16; 3,36; 5,24; 14,1-6 und andere schon oft vom Heiligen Geist gebraucht, um Menschen zum Glauben zu führen. Schließlich ist das Johannesevangelium ausdrücklich zu diesem Zweck geschrieben worden.

Genauso sollte man sich auf den ersten Johannesbrief konzentrieren, wenn Christen die Heilsgewissheit fehlt. Bezeichnenderweise gebrauchen manche diesen Brief nicht, um Gewissheit zu vermitteln, sondern um »vermeintliche Gewissheit« zu zerstören. Gottes Absicht mit diesem Brief ist aber positiv und nicht negativ. (Häufig beobachtet man auch bei Predigern, dass sie Bibelstellen, die ein positives Ziel haben, im negativen Sinn gebrauchen.)

Die einzelnen Teile der biblischen Bücher verfolgen manchmal auch unterschiedliche Ziele. Wenn der Schreiber des Hebräerbriefes sagt: »Darum wollen wir jetzt lassen, was im Anfang über Christus zu sagen ist, und uns zur Vollkommenheit wenden...« (6,1), gibt er dem Leser einen Hinweis, dass er sich nun einem anderen Ziel zuwendet.

Im Epheserbrief lassen sich die Kapitel 1-3 nicht von den Kapiteln 4-6 trennen, da sie durch das betonte »darum« in Kapitel 4,1 miteinander verbunden werden. Somit ist klar, dass die im ersten Teil entfaltete Lehre für das im zweiten Teil beschriebene, praktische Leben des Christen entscheidende Bedeutung hat. Für den Seelsorger ist es wichtig, dass der zweite Teil des Epheserbriefes deutlich macht, *wie* Christen als Glieder des Leibes Christi (das Thema der ersten Kapitel) in Liebe und Einheit miteinander leben können.

Auch die folgenden Bibelverse sind kleine, aber wichtige Hinweise auf die Zielrichtung der Texte, die dem Seelsorger helfen, die Absicht einer Schriftstelle zu erkennen:

»Wir wollen euch aber, liebe Brüder, nicht im Ungewissen lassen...« (1. Thessalonicher 4,13). »So tröstet euch nun untereinander mit diesen Worten...« (1. Thessalonicher 4,18). »... habe ich euch wenige Worte geschrieben, zu ermahnen und zu bezeugen, dass dies die rechte Gnade Gottes ist« (1. Petrus 5,12). »Darum will ich's nicht lassen, euch allezeit daran zu erinnern ...« (2. Petrus 1,12). »... in welchem ich euch erinnere und erwecke euren lauteren Sinn, dass ihr gedenket an die Worte ...« (2. Petrus 3,1-2). »... hielt ich's für nötig, euch in meinem Brief zu ermahnen, dass ihr für den Glauben kämpft, der ein für allemal den Heiligen übergeben ist« (Judas 3). »Solches gebiete und lehre« (1. Timotheus 4,11). »Daran erinnere sie und bezeuge vor Gott...« (2. Timotheus 2,14).

Selbst wenn solche eindeutigen Hinweise im Text fehlen,

muss nach den Zielen gesucht werden. Es ist dabei wichtig, auf bestimmte Linien und Schwerpunkte zu achten. So enthält der Philipperbrief zum Beispiel keine eindeutigen Hinweise dieser Art, aber sein Ziel ist dennoch klar:

a) Paulus will den Philippern für ihre Gabe danken.
b) Sie sollen erkennen, dass auch seine Gefangenschaft der guten göttlichen Planung entspricht.
c) Er will, dass die Spaltung in der Gemeinde von Philippi überwunden wird.
d) Sein Ziel ist, ihre Befürchtungen wegen Epaphroditus zu zerstreuen.

Damit der Seelsorger und der Ratsuchende die Gewissheit bekommen, dass die Analyse der Probleme und die angebotene Lösung Gottes Willen entsprechen, ist diese Arbeit unumgänglich. »Aber wie lässt sich das Ganze in der Praxis verwirklichen?«, werden Sie nun fragen. Dies führt uns zum nächsten Schritt.

Kapitel 3

Richtig vorgehen

In der Beratung müssen der Ratsuchende und seine Probleme mit Gott und seiner Erlösung zusammengebracht werden

Lassen Sie mich das unterschiedliche Vorgehen zweier Seelsorger miteinander vergleichen. Beide stehen vor dem gleichen Problem: Eltern haben Schwierigkeiten mit ihrem siebenjährigen Johannes, ihrem einzigen Kind. Sie bitten um Rat. Johannes ist sehr aufsässig. Die Eltern haben aus Angst, etwas verkehrt zu machen, aus mangelnder Sachkenntnis und aus Bequemlichkeit eine konsequente Erziehung versäumt.

Zuerst kommen sie zu einem Pfarrer, der ganz von Rogers und dessen verhaltenspsychologischen Theorien bestimmt ist (die von manchen ohne weiteres als »christlich« ausgegeben werden[1]). Der Pfarrer verweist auf Sprüche 23,7: »... denn wie einer, der alles bei sich berechnet, so gibt er sich...« (nach Menge). Er erklärt: »Sie müssen als Eltern ihrem Kind genau erklären, warum es bestimmte Regeln und Vorschriften im Elternhaus gibt, damit es durch das rechte Verständnis für diese Dinge auch zum richtigen Verhalten kommt.«

Man braucht kein Prophet zu sein, um vorauszusehen, wohin dies in der Praxis führt.

Ein an der Schrift orientierter Seelsorger wird ganz

anders an das Problem herangehen. Zunächst wird er es biblisch beurteilen – das heißt, er wird das Benehmen von Johannes als Sünde bezeichnen. Weil für ihn das Problem nicht nur eine Frage des Verstehens ist, wird er auch eine andere Lösung vorschlagen. Er wird die Eltern dazu anhalten, in der Erziehung konsequent zu werden und die gefundenen biblischen Prinzipien durchzusetzen. Das schließt auch eine Bestrafung nicht aus. Er orientiert sich an Sprüche 22,15, wo es heißt: »Torheit steckt dem Knaben im Herzen, aber die Rute der Zucht treibt sie ihm aus.«

Allerdings wird er auch darauf hinweisen, dass Bestrafen allein nicht genügt. Hand in Hand damit muss das Kind seelsorgerlich ermahnt werden. Es muss seine Sünde erkennen. Mit den Eltern wird er über Sprüche 29,15 reden: »... ein Knabe, sich selbst überlassen, macht seiner Mutter Schande« und über Epheser 6,4: »Ihr Väter, reizt eure Kinder nicht zum Zorn, sondern zieht sie auf in der Zucht und Ermahnung zum Herrn.« Zwischen diesen beiden Polen bewegt sich die christliche Erziehung. Er wird auch auf die Bedeutung der Belohnung hinweisen, indem er zeigt, dass »Vater und Mutter ehren das erste Gebot ist, das Verheißung hat.« (Epheser 6,2)

Auch der erste Seelsorger zieht die Bibel zu Rate, aber er gebraucht sie, um seine psychologischen Vorurteile zu stützen. Der zweite Seelsorger geht den richtigen Weg. Er vertraut grundsätzlich der Bibel und nicht psychologischen oder psychiatrischen Theorien. Er treibt eine gründliche Exegese und gibt sich nicht mit einer oberflächlichen Anwendung von Sprüche 23,7 zufrieden (»... denn wie einer, der alles bei sich berechnet, so gibt er sich...«). Dieser Vers steht nämlich in einem bestimmten Textzusammenhang. Er ist Teil einer Warnung, die Worte eines geizigen Gastgebers nicht ernst zu nehmen. Der Exeget darf ihn nicht gewaltsam aus diesem Zusammenhang herausreißen. Wenn man den Vers richtig übersetzt und ihn für seinen ursprünglichen

2. dass sie nur von Gott zu lösen sind. Für den Freudianer ist der Ratsuchende das Opfer einer mangelhaften Sozialisation. Sie meinen, dieses Problem könne durch den Menschen, der es verursacht habe, wieder gelöst werden. Und der erfahrene Analytiker oder Therapeut hilft dabei, etwas von dem in Ordnung zu bringen, was der Mensch angerichtet hat. Die Schüler von Rogers meinen, der Mensch sei im Kern gut und sein Problem bestünde darin, dass er versäumt habe, die in sich vorhandenen Quellen anzuzapfen. Die Lösung besteht nach ihrer Meinung darin, dass der Mensch sein vorhandenes Potential einsetzt.

Die Verhaltenspsychologen wiederum meinen, die menschlichen Probleme seien entstanden, weil der Mensch zu wenig Lernprozesse durchlaufen habe; die Bedingungen dafür waren zu ungünstig. Die Lösung besteht deshalb für sie darin, neue Lernprozesse in Gang zu bringen, damit neue Bedingungen geschaffen werden. Sie setzen bei der Veränderung der Umwelt an.

In all diesen Systemen und unbiblischen Beratungsmethoden ist der Mensch das Maß aller Dinge. Doch mitten in diese Verwirrung hinein spricht Gott. Er gibt uns seine göttliche Offenbarung, die Bibel. Aus diesem Buch lernen wir, dass wir im Grunde nicht »o.k.« sind. Unsere Lage ist aussichtslos, denn unser Problem ist die Sünde. Mit unseren schmutzigen Händen können wir nichts schaffen, was Gott gefällt. Wir haben uns gegen unseren heiligen Schöpfer aufgelehnt, seine Gesetze gebrochen und seinen Zorn verdient. Es gibt keine Möglichkeit, ihn durch andere Formen der Sünde oder durch das Sündigen in einer anderen Umwelt zu beschwichtigen.

Wenn wir uns wie Hiob mit Gott auf eine Stufe stellen wollen, wird er zweifellos antworten: »Wer ist der, der den Ratschluss verdunkelt mit Worten ohne Verstand?« (Hiob 38,2) Wenn wir aber unsere Sünde bekennen und Gott in völliger Abhängigkeit vertrauen, dann werden wir Vergebung empfangen.

Unser Problem ist nicht die Unreife, die man vielleicht durch einen Lernprozess überwinden könnte. Meinen wir etwa wie der reiche, junge Mann, wir seien »mündig« geworden? – Dabei haben wir es doch am Nötigsten, wie Kinder zu werden!

Kapitel 4

Einen Plan entwerfen

Es muss ein Plan für das weitere Vorgehen entwickelt werden, wie man das Problem auf biblische Weise lösen will

Wir sehen, dass gerade dieser Plan in jedem der erwähnten Systeme fehlt. Wir können das auch nicht erwarten. Dort ist kein Platz für das Wort Gottes. Die Freudianer meinen, die Bibel könne das Problem nicht lösen, da sie selber ein Teil des Problems sei. Die Rogers-Schüler nehmen von außen keine Hilfe in Anspruch; für sie ist die Bibel gar nicht zuständig. Die Verhaltenspsychologen meinen, die Bibel enthalte nur Mythologie, die man nicht gebrauchen dürfe, weil sie schädlich oder bestenfalls nutzlos und überflüssig sei.

Eine biblisch gebundene Seelsorge lässt sich nicht mit anderem Gedankengut vermischen. Die Vertreter unbiblischer Theorien wissen das und betonen es auch oft genug (für Freud war zum Beispiel die Religion eine Art Neurose). Wann werden das endlich auch die Christen begreifen und zum Ausdruck bringen und nicht länger glauben, dass humanistische Analysen für die göttliche Lösung der Probleme brauchbar seien? Wann werden wir einsehen, dass es nicht drei oder gar dreißig, sondern nur den einen Weg Gottes gibt, um die Probleme zu lösen?

Aus diesem Grunde sind alle psychiatrischen und psychologischen Systeme abzulehnen, die ihrerseits die Bibel ablehnen. Da die Botschaft des Wortes Gottes dringend gebraucht wird, aber sich sonst niemand der Bibel zuwendet, muss der *christliche Seelsorger* mit dem Ratsuchenden einen biblischen Plan entwerfen, wie die Probleme gelöst werden können. Was verstehen wir unter einem solchen Plan und wie kann man ihn entwerfen?

1. Er erwächst aus biblischen Voraussetzungen und Prinzipien und stimmt in allen Teilen mit der Bibel überein.
2. Er verfolgt biblische Ziele ...
3. ... durch die Anwendung von biblischen Methoden.
4. Er verlangt biblische Motive und
5. setzt sie in die Praxis um.

1. Der Plan erwächst aus biblischen Voraussetzungen und Prinzipien und stimmt in allen Teilen mit der Bibel überein

Wenn ich diese erste These aufstelle, muss ich auf Folgendes hinweisen: Oft beziehen sich biblische Anweisungen, Warnungen, Verheißungen usw. *speziell* auf das Problem des Ratsuchenden. Sie können aber auch eher *grundsätzlich* damit zu tun haben.

Die Bibel befasst sich zwar mit allen Situationen, die einem Seelsorger im Laufe seiner Arbeit begegnen, und sagt uns alles, was wir für ein Leben nach Gottes Willen wissen müssen. Diese Informationen sind uns aber nicht als Nachschlagewerk gegeben, sondern in ganz unterschiedlichen Formen: Als Erzählung, als Dichtung, als Brief, als Lied, als Prophetie, als Gebot, als Spruch. Aus ihnen müssen nun die Voraussetzungen und Grundlinien abgeleitet werden. Nicht selten können solche Grundlinien aber direkt übernommen und zu einem Plan verarbeitet werden.

Oft sind Fragen, die in der Seelsorge auftauchen, in der

Bibel nämlich schon besprochen; kein Wunder, denn der sündige Mensch ist derselbe geblieben, deshalb sind auch seine Probleme nicht neu. Die Anweisung des Paulus zum Beispiel: »Und ihr Väter, reizt eure Kinder nicht zum Zorn, sondern zieht sie auf in der Zucht und Vermahnung zum Herrn« (Epheser 6,4) gilt zu jeder Zeit für jeden christlichen Vater. Die Art, wie Gott erzieht, ist die Norm, nach der sich jede christliche Erziehung zu richten hat. Das macht den Abschnitt so zeitnah. Der begehrliche Blick nach einer Frau ist in jedem Land, in jedem Jahrhundert und in allen Kulturen ein heimlicher Ehebruch.

Solche biblischen Normen lassen sich deshalb unmittelbar auf heutige Fragen anwenden. So kann ein christlicher Seelsorger zum Beispiel auch ohne weiteres einer christlichen Ehefrau, die sich von ihrem ungläubigen Ehemann scheiden lassen will, erklären: »Das ist Sünde; sie dürfen es nicht tun.« 1. Korinther 7,13 gilt unmittelbar auch in dieser Situation.

Es gibt jedoch auch Probleme, die in der Bibel nicht direkt angesprochen werden, zum Beispiel ob ein Pfarrer den Ruf in eine andere Gemeinde ablehnen soll oder ein junges Mädchen den Heiratsantrag annehmen kann. Wie viel hundert anderer Fälle dieser Art – schwer wiegend oder zweitrangig – es auch geben mag, für alle gilt: Die biblischen Prinzipien dafür müssen gefunden werden und damit die richtige Antwort. Das erfordert Zeit, Bibelkenntnis und Weisheit.

Dass christliche Seelsorger ständig von Gemeindegliedern um Rat gefragt werden, liegt zum Teil daran, dass sie ihrer Gemeinde nicht gezeigt haben, wie man mit Hilfe der Bibel Probleme praktisch löst. Sie haben zwar mit Erfolg die biblischen Wahrheiten gelehrt – viele Gemeindeglieder können oft schon von Kindheit an alle möglichen Bibelverse zitieren und theologische Spezialfragen beantworten –, aber in Zeiten der Not und der Entscheidung hilft ihnen das nicht viel weiter. Wenn das biblische Wissen nicht in die Praxis umgesetzt wird, ist es nicht nur zwecklos, sondern auch schädlich. Lernen um des Lernens willen führt auf diesem Gebiet dazu, dass die Bibel nur noch zum Argumentieren benutzt wird. Sie gibt dann nur noch Auskunft zu geschichtlichen und dogmatischen Fragen und bestenfalls einige Anweisungen moralischer Art. Aber sie ist kein Buch mehr, in dem man die befreienden Lösungen für seine Lebensprobleme findet. Prediger und Pastoren sollten ihren Gemeindegliedern deshalb helfen, die Bibel auch praktisch anzuwenden. Sie werden sich und ihren Gemeindegliedern damit viel Kopfzerbrechen und viele Stunden seelsorgerlicher Gespräche ersparen.

Ein Plan für das weitere Vorgehen, der sich an biblischen Grundsätzen orientiert und in jeder Beziehung daran festhält, wird auch diese Aufgabe des Seelsorgers direkt oder indirekt unterstützen. Wenn zum Beispiel Thomas sagt: »Ich kann aus meiner Haut nicht heraus; Barbara wird mich so nehmen müssen, wie ich bin«, wird der Seelsorger erwidern: »Thomas, wenn du wirklich Christ bist, kannst du auch anders werden; denn dann kann dir der Heilige Geist die nötige Selbstbeherrschung schenken. Barbara sollte sich nicht mit deinen Unarten abfinden, denn Gott tut das auch nicht.«

Der Seelsorger wird nun einen Plan für Thomas und Barbara entwickeln, der sich auf die biblischen Grundlinien in Epheser 4,25-32 stützt. Zuvor wird er aber diesen Text eingehend mit den beiden durchsprechen (sie werden dann bereitwilliger mitarbeiten) und dann etwa so schließen: »Wie du siehst, ist die Lage nicht hoffnungslos. Um mit den Schattenseiten des Temperaments fertigzuwerden, gibt es einige klare Anweisungen:

a) Sprecht täglich miteinander und bringt die Dinge noch am gleichen Tag in Ordnung.
b) Gebraucht im Umgang miteinander Worte, die den anderen ermutigen und nicht nach unten ziehen.
c) Vergebt euch gegenseitig, redet nicht schlecht übereinander und duldet keinen Groll im Herzen. Ich schlage

vor, dass ihr das praktisch übt, indem ihr euch an jedem Tag zu einer bestimmten Uhrzeit zusammensetzt...«

Der Seelsorger muss deutlich zwischen den biblischen Grundlinien und seinem Plan unterscheiden. Die Grundlinien sind unveränderlich, der Plan, um diese in die Praxis umzusetzen, kann der Situation angepasst werden. Der Pianist wird sich allerdings zunächst eine gewisse Grundfertigkeit aneignen müssen, bis er schließlich jede Melodie spielen kann.

Eines ist dabei allerdings wichtig: Wenn die Beratung Erfolg haben soll, hängt alles davon ab, dass die biblischen Grundlinien in einem *konkreten* Plan zur Ausführung kommen. Ohne konkrete Anwendung wird der Plan – auch wenn er noch so biblisch und intelligent ist – nichts ausrichten.

Leider wissen Prediger und Seelsorger oft nur genau, *was* zu tun wäre, aber nicht, *wie* man es tut. Wie oft ist beispielsweise gepredigt worden: »Wir sollten unsere Bibel nicht nur lesen, sondern studieren.« Fest entschlossen kommen daraufhin manche Gemeindeglieder aus dem Gottesdienst. Sie wollen das Versäumte nachholen. Gleich am Montag beginnen sie mit dem Studium von 1. Mose 1,1 – aber bereits am Donnerstag geben sie erschöpft wieder auf, weil sie keine Anleitung zum Bibelstudium bekommen haben.

Wenn man solche Anweisungen in seinen Predigten gibt, muss man den Leuten auch sagen: »Wenn Sie nicht wissen, wie Sie die Bibel studieren sollen, dann kommen Sie doch am nächsten Freitag zur Kirche, denn dann beginnen wir mit einem Kurs über praktisches Bibelstudium.«

Der Prediger sollte immer daran denken, dass es nicht genügt, verwirrte, entmutigte und hoffnungslose Menschen aufzufordern, ihre sündigen Angewohnheiten zu lassen.[1] Auf die Frage: »Wie soll ich das machen?«, müssen Sie mit einem biblisch begründeten Plan antworten. Am besten warten Sie gar nicht auf diese Frage, denn die meisten Ratsuchenden wissen nicht, was sie tun sollen. Beginnen Sie also mit dem »Wie«. Manchmal können Sie dabei auch Literatur benutzen, die Sie dem Ratsuchenden mitgeben.[2] Prüfen Sie diese aber vorher genau und vergewissern Sie sich, ob der Ratsuchende sie wirklich liest.

2. Ein biblischer Plan für das Handeln verfolgt biblische Ziele

Da christliche Seelsorger nicht jedes beliebige Ziel ansteuern können, sollten sie nicht die übliche, verhaltenspsychologische Zielsetzung übernehmen. Wenn ein Ratsuchender lernen will, wie man Freundschaften anknüpft, seine Arbeitsstelle behält oder ein guter Vater wird, können diese Ziele von christlichen Seelsorgern nur unter biblischen Gesichtspunkten besprochen und angegangen werden.

Deshalb wird sich der Seelsorger vorher zum Beispiel folgende Fragen stellen müssen: Darf der Ratsuchende bei seinem unzuverlässigen Verhalten überhaupt erwarten, dass er seinen Arbeitsplatz behält? Will er seine Arbeit zur Ehre Gottes tun? Kann man ihm in dieser Frage einen Rat erteilen, ohne zuvor die grundlegenden Aussagen zur Arbeitsethik in Kolosser 3,22-26 zu besprechen, die sich etwa in den Worten »Ihr dient dem Herrn Jesus Christus« zusammenfassen lassen? Solche Fragen stehen an erster Stelle, dann erst können die Ziele des Ratsuchenden besprochen, beurteilt und – wenn nötig – korrigiert werden.

Die einzelnen Probleme lassen sich nicht unabhängig vom gesamten Lebensstil und der Lebensführung des Ratsuchenden besprechen. Der christliche Seelsorger muss, anders als der Verhaltenspsychologe, bei seiner Beratung den ganzen Menschen sehen. Wenn zum Beispiel ein Homosexueller von einem Verhaltenspsychologen einen Rat erbittet, wie er sich beruflich entscheiden soll, wird dieser in der

Regel nicht auf seine Homosexualität eingehen. Der christliche Seelsorger dagegen kann weder das Problem der Homosexualität noch andere Probleme des Ratsuchenden unberücksichtigt lassen, auch wenn sie vordergründig nichts mit der Berufsfrage zu tun haben.

Anormale Ängste (Phobien) wird man unter biblischen Gesichtspunkten behandeln müssen – die Angst des Menschen muss in Beziehung zur »Weisheit« gesetzt werden, die mit der Furcht Gottes beginnt.[3] Man kann die einzelnen Probleme zwar für sich analysieren und behandeln, aber die Zusammenhänge darf man nie außer Acht lassen.

Der christliche Seelsorger benutzt die Bibel also, um die Ziele des Ratsuchenden zu überprüfen und – wo nötig – zu korrigieren. Ziele wie Integration, Sicherheit, Anpassung usw. können nicht unkritisch übernommen werden. William Glasser, der Verfasser des bekannten Buches *Reality Therapy* schreibt zum Beispiel: »Normal ist, wer sich relativ glücklich fühlt und etwas zu Stande bringt, das ihm innerhalb der Regeln der Gesellschaft, in der er lebt, wertvoll erscheint.«[4]

Diese Definition von »normal«, die zugleich das Ziel von Glassers Beratung darstellt und durchaus auch für andere Therapeuten repräsentativ ist, erscheint mir in verschiedener Hinsicht fragwürdig. Der Mensch setzt sich hier seine Ziele selbst und beurteilt sie auch selbst. Der Einzelne und die ihn umgebende Gesellschaft werden zum Maßstab gemacht. Glasser möchte sowohl den Einzelnen als auch die Gesellschaft zufriedenstellen. Einen absoluten, objektiven Maßstab kennt er nicht. Der Ratsuchende bleibt also im relativistischen Subjektivismus persönlicher Neigungen, Wünsche und Phantastereien gefangen. Glasser hält das für richtig, solange der Einzelne das Leben auf diese Weise – »innerhalb der gesellschaftlichen Regeln« – bewältigen kann.

Dieser zweite Maßstab ist aber nicht tauglicher als der erste. Glasser möchte, dass der einzelne Mensch sich in die

Gesellschaft einfügt, ob deren Normen nun gut oder schlecht sind. Der Mensch, der zum Beispiel in einer Kopfjägergesellschaft lebt, würde nach einer solchen Beratung seinen Platz als Kopfjäger wahrscheinlich noch erfolgreicher ausfüllen.

Der christliche Seelsorger kann aber weder die persönlichen Maßstäbe eines einzelnen Sünders noch die gemeinsamen Maßstäbe einer sündigen Gesellschaft als Ziel oder Norm für seine Beratung gebrauchen; andernfalls würde er dem Ratsuchenden sündige Ziele setzen. Gott verlangt aber von einem Christen, dass er sich sowohl den eigenen als auch den sündigen Wünschen der Gesellschaft widersetzt.

Alle biblischen Ziele lassen sich in dem einen Ziel zusammenfassen: Gott zu verherrlichen. Deshalb muss jeder christliche Seelsorger wie Paulus darum bemüht sein, jeden Menschen vollkommen in Christus darzustellen (Kolosser 1,28). Der Mensch soll Jesus ähnlich werden; mit weniger gibt sich Gott nicht zufrieden. Um herauszufinden, wie das aussieht, sind wir auf die Bibel angewiesen.

3. Biblische Ziele erreicht man nur durch biblische Methoden

Hier scheitern viele Christen. Obschon sie akzeptieren, dass biblische Ziele nötig sind, fragen sie: »Warum können wir nicht jede beliebige Methode benutzen, um diese Ziele zu erreichen? Wenn die Methoden von Freud, Rogers oder Skinner einem Ratsuchenden helfen, Christus ähnlicher zu werden, sollte man sie auch anwenden.« Sie meinen, der Zweck heilige schließlich doch die Mittel. In Wirklichkeit können biblische Ziele aber nur durch biblische Methoden erreicht werden. Humanistische Mittel werden den Glauben nicht fördern. Freud kannte keine Mittel, die den Menschen in das Bild Christi umgestalten sollten. Die Methode von Rogers führt niemanden zur Heiligung, und auf Skinners Wegen wird man keine geistlichen Früchte bringen.

Geistliche Früchte schafft nur der Heilige Geist. Seine Arbeitsweise aber lernen wir nur in der Bibel kennen.

Ich will diese wichtige Frage hier nicht ausführlicher behandeln, da ich dies an anderer Stelle bereits getan habe.[5] Ich möchte aber mit allem Ernst darauf aufmerksam machen, dass zum großen Schaden der Gemeinde Jesu diese heidnischen Methoden (der Gruppentherapie, der Übertragungsanalyse, der Verhaltenspsychologie usw.) heute weithin ebenso unkritisch von den Christen übernommen werden, wie das früher mit den Lehren von Freud und Rogers geschehen ist. Wir müssen der Meinung widerstehen, die Methoden seien neutral und zweitrangig. Die Lade Gottes durfte nur an Stangen und nicht auf einem Ochsenkarren transportiert werden.

4. Der Plan verlangt biblische Motive und setzt sie in die Praxis um

Die Beratung kann daran scheitern, dass trotz biblischer Prinzipien, Ziele und Methoden die Motive für die Einhaltung des Plans unbiblisch sind. Seelsorger werden deshalb immer auch die Motive ihrer Ratsuchenden beachten müssen. Die Beschäftigung mit Motiven ist allerdings eine dornige Sache. Die Seelsorger müssen sie zwar erfragen und darüber sprechen, aber im Letzten beurteilen können wir sie nicht, denn nur Gott kann »Herz und Nieren« prüfen. Der Mensch sieht nur, was vor Augen ist. Der Seelsorger sollte den Ratsuchenden auffordern, sich ehrlich zu prüfen und keine falschen Motive zuzulassen, nachdem er die biblischen Motive dargestellt hat, und dann im Gebet alles Weitere Gott überlassen.[6]

Greifen wir ein Beispiel heraus. Frau M. ist Christin. Sie

möchte sich mit ihrem Mann wieder versöhnen, der vor einer Stunde mit den Worten »Ich komme nie mehr wieder!« die Haustür zugeknallt hat. Sie beteuert unter Tränen: »Ich will ja alles tun, um meinen Mann zurückzugewinnen. Sagen Sie mir nur, was ich machen soll!«

Der aufmerksame Seelsorger wird hier stutzen. Frau M. will »alles« tun, also sowohl biblische als auch unbiblische Methoden anwenden, um ihr Ziel zu erreichen? Deshalb wird er die Ziele und Motive zur Sprache bringen: »Frau M., als Christin sollten Sie bereit sein, nur den Willen Gottes zu tun. Sie müssen Ihren Mann auch verlieren können, wenn es nach Gottes Willen nicht anders möglich ist. Ich bin zwar überzeugt, wenn etwas Ihren Mann zu Ihnen zurückbringen kann, dann nur Ihr überzeugendes christliches Leben, das Sie führen müssen. Sie dürfen Ihr bisheriges Leben aber nicht nur aus diesem Grunde ändern wollen. Sie müssen es aus echter Reue, aus echtem Glauben und aus echter Liebe zu Gott tun. Wenn Ihr Mann dann zurückkommt, ist Ihre dem Willen Gottes untergeordnete Hoffnung erfüllt. Aber auch wenn er nicht zurückkommt, werden Sie nicht enttäuscht sein, wenn es Ihr Ziel war, den Willen Gottes zu tun. Sie werden dann nämlich so sein, wie Gott Sie haben will.«

Ratsuchende sollten also darauf aufmerksam gemacht werden, dass das Grundmotiv darin bestehen muss, den Willen Gottes zu tun.

Kapitel 5

Die Durchführung des Planes

Der Ratsuchende muss mit dem biblischen Vorgehen einverstanden sein

Das ist der fünfte Faktor, der beim Gebrauch der Bibel in der Seelsorge zu beachten ist. Er lässt sich durch nichts ersetzen. Richtige Ziele und Motive, genaue Pläne und Methoden, auch wenn sie für den Ratsuchenden sehr wichtig sind, können die Mitarbeit des Ratsuchenden selbst nicht ersetzen. Solange der Ratsuchende nicht tatsächlich Gottes Willen tut, nachdem er seine Sünde und den Willen Gottes erkannt hat, ist alles vergeblich. Man könnte fragen: »Nun, warum sollte er diesen letzten Schritt nicht auch tun, nachdem er ihn doch klar erkannt hat?« Darauf gibt es vier Antworten, die jeder Seelsorger immer wieder zu hören bekommt:

»Ich kann nicht.«
»Ich will nicht.«
»Das ist mir zu unangenehm.«
»Ich habe Angst davor.«

Manchmal ist es zum Beispiel nötig, dass ein Ratsuchender, der vor Gott bekannt hat, dass er schlecht über einen anderen geredet hat, nun auch die Menschen um Verzeihung bittet, über die er geredet hat. Wenn der Seelsorger ihn dazu auffordert, muss er sich auf jede dieser vier Antworten gefasst machen.

Wenn der Ratsuchende sagt: *»Ich kann nicht!«*, meint er oft »Es ist zu schwer!« oder »Ich habe dazu einfach nicht die Kraft!« Der Seelsorger sollte ihm dann anhand der Bibel die Gewissheit geben, dass Gott niemals etwas von seinen Kindern verlangt, was sie in der von ihm geschenkten Kraft nicht ausführen können (vgl. 1. Korinther 10,13).

Manchmal scheint sich hinter dem Satz »Ich kann nicht« zunächst ein »Es ist mir zu schwer« zu verbergen. In Wirklichkeit meint der Ratsuchende aber: »Ich weiß nicht, wie ich es machen soll.« Aus diesem Grunde meint er oft, die Aufgabe sei zu schwer.

Vielleicht erlaubt es die Situation, dann auf ein biblisches Beispiel hinzuweisen: »Paulus hat in einer ähnlichen Situation einmal Folgendes empfohlen...« Der Seelsorger kann aber auch auf einen biblischen Grundsatz hinweisen und diesen auf die konkrete Lage anwenden: »Weil Sie die Sonne über Ihrem Zorn nicht untergehen lassen dürfen, sollten Sie noch heute mit Ihrem Bekannten sprechen. Rufen Sie ihn an.«

Wie verhält sich der Seelsorger aber, wenn er zur Antwort bekommt: *»Ich will nicht!«?* Die Erfahrung lehrt, dass Ratsuchende zunächst oft hartnäckig ausweichen, bevor sie schließlich nachgeben. Wenn der Seelsorger also strikt auf die Einhaltung biblischer Grundlinien besteht und dem Ratsuchenden noch einmal die ganze Verantwortung vor Gott zeigt und ihn ermutigt, sich die Hilfe Gottes zu erbitten, macht sich das meist bezahlt. Der Ratsuchende wird seinen Widerstand aufgeben und dem Wort Gottes gehorchen – oft schon am nächsten Tag.

Die Antwort »Ich will nicht!« kann aber auch wirkliche Auflehnung sein. Der Seelsorger muss sich genügend Zeit nehmen, um herauszufinden, ob es sich wirklich um einen bewussten Entschluss oder um etwas anderes handelt. Wenn er zu dem Ergebnis kommt, dass der Ratsuchende sich der Autorität Jesu Christi und der Bibel nicht beugen will, muss er ihn darauf hinweisen, dass dies den Ausschluss aus der Gemeinde zur Folge haben wird. Findet diese Warnung kein Gehör, muss Gemeindezucht geübt werden, und zwar in der Hoffnung, dass diese zur Buße und zu wirklich praktischem Glauben führt. Andernfalls werden die Ältesten der Gemeinde den betreffenden Menschen aus der Gemeinde ausschließen müssen.

Die Antwort *»Das ist mir zu unangenehm!«* ist vom Seelsorger dagegen freundlich, aber mit Bestimmtheit zurückzuweisen. Er sollte dem Ratsuchenden sagen: »Natürlich ist das unangenehm; und es wird auch mit der Zeit nicht angenehmer werden. Deshalb ist es besser, Sie erledigen die Sache sofort. Sie werden sonst nicht weiterkommen.« Um das noch zu bekräftigen, kann der Seelsorger auf Psalm 32 hinweisen, in dem David beschreibt, was er erlitt, als er seine Sünde zu verbergen suchte. Wir sollten uns dadurch ermutigen lassen, das Bekenntnis unserer Sünde nicht hinauszuschieben. Am Schluss des Psalms werden wir aufgefordert, uns nicht wie Rosse oder Maultiere zu benehmen, die erst zum Gehorsam gezwungen werden müssen.

Der Antwort *»Ich habe Angst davor!«* kann etwa in gleicher Weise erwidert werden. Wenn die Angst sehr groß ist, wird man die Ratsuchenden entsprechend stärker ermutigen müssen. Man sollte sie daran erinnern, dass sie nicht »einen Geist der Furcht, sondern der Kraft und der Liebe und der Zucht« empfangen haben (2. Timotheus 1,7). Dazu kann erläutert werden: »Der Heilige Geist wird Ihnen Kraft geben, die Angst durch Liebe und Zucht zu überwinden. Johannes sagt: ›Die völlige Liebe treibt die Furcht aus‹ (1. Johannes 4,18). Sie müssen Ihre Liebe zu Gott dadurch beweisen, dass Sie trotz Ihrer Angst tun, was er Ihnen sagt. Sie sollten sich im Gebet dazu überwinden, den Willen Jesu zu erfüllen und dem Wort Gottes ganz gehorsam zu sein. Wenn Sie sich erst einmal nicht mehr von Ihrer Angst bestimmen lassen, sondern Gott gehorsam geworden sind, wird die

Angst bald gänzlich verschwinden. Ein großer Teil Ihrer Angst besteht nämlich darin, dass Sie Angst vor der Angst haben.«[1]

Wenn sich der Ratsuchende entschlossen hat mitzuarbeiten, sollte sich der Seelsorger darum kümmern, wie und was der Ratsuchende im Einzelnen tun will. Wenn er zum Beispiel einen anderen Menschen um Vergebung bitten möchte, muss ihm vielleicht gesagt werden, wie er das praktisch tun kann. Will er einen Entschuldigungsbrief schreiben, sollte er zunächst einmal einen Entwurf vorlegen, damit man ihn noch einmal miteinander besprechen kann, bevor er endgültig abgeschrieben und weggeschickt wird. Der Seelsorger muss nämlich mit der Ungeschicklichkeit des Ratsuchenden rechnen. Es kann passieren, dass er sonst schreibt: »Hans, ich möchte mich bei Dir für die freche Antwort entschuldigen, die ich Dir gab, als Du mir Deine schmutzigen Geschäftsmethoden beschrieben hast.«

So wird er aber nicht schreiben können, weil er seine Entschuldigung mit einem Vorwurf verbindet. Emotional geladene Ausdrücke wie »schmutzige Geschäftsmethoden« stiften eher neuen Streit als Versöhnung. Sie gehören nicht in einen Entschuldigungsbrief.

Empfehlen Sie dem Ratsuchenden (besonders, wenn er noch wankend ist), schwierige Aufgaben so früh wie möglich zu erledigen. Auch Abraham »machte sich früh auf« zu der wohl unangenehmsten Aufgabe, die er jemals zu tun hatte, um seinen Sohn Isaak zu opfern. Je länger wir eine schwierige Angelegenheit hinausschieben, desto schwieriger wird sie uns erscheinen und desto unfähiger werden wir uns fühlen.

Wir können zusammenfassen: Der Seelsorger muss dem Ratsuchenden helfen, seine Probleme biblisch zu lösen. Doch auch nachdem die Schwierigkeiten beseitigt sind, wird der Ratsuchende nicht zu Gott sagen können: »Wir beide sind o.k.!« Im folgenden Kapitel werden wir noch sehen, dass weder dem Seelsorger noch dem Ratsuchenden, sondern allein Gott alle Ehre gebührt, der durch sein Wort und seine Macht die Seelsorge in allen Dingen zu einem guten Ende führt.

Kapitel 6

Der Heilige Geist und die Bibel

Wenn ein Christ zu seinem Seelsorger kommt und Hilfe sucht, sollte er erwarten können, dass ihm dieser – wie ein alttestamentlicher Levit – Hilfe aus der Heiligen Schrift anbietet. »Denn des Priesters Lippen sollen die Lehre bewahren, dass man aus seinem Munde Weisung suche; denn er ist ein Bote des Herrn Zebaoth.« (Maleachi 2,7; vgl. auch Nehemia 8,7–9) Es sollte sowohl für den Ratsuchenden wie auch für den Seelsorger keine Frage sein, dass der zu gebende seelsorgerliche Rat an die Bibel gebunden sein muss. Wenn der neutestamentliche Bote seinem Herrn gehorsam sein will, darf er nicht anders handeln als seine alttestamentlichen Vorgänger.

Die Seelsorge hängt nämlich auch deshalb in jeder Hinsicht von der Bibel ab, weil darin nicht menschliche Seelsorger ihre Ratschläge geben, sondern der Heilige Geist, den Johannes »Tröster« (Ratgeber, zum Beispiel Johannes 14,16) und Jesaja »Geist des Rates« (Jesaja 11,2) nennt. Durch diesen Geist hat Gott uns sein Wort gegeben.

Es sollte uns deshalb nicht überraschen, wenn er durch die Bibel wirkt und so seine Aufgabe als der Tröster erfüllt. Dies hat Paulus mit den Versen 4 und 13 in Römer 15 auch gemeint: »Denn was zuvor geschrieben ist, das ist uns zur Lehre geschrieben, auf dass wir durch die Geduld und den Trost *(paraklesis)* der Schrift die Hoffnung festhalten... Der Gott aber der Hoffnung erfülle euch mit aller Freude und

Frieden im Glauben, dass ihr völlige Hoffnung habt durch die Kraft des Heiligen Geistes.«

Zuerst stellt Paulus fest, dass die Hoffnung aus der Schrift kommt, und dann, dass die Hoffnung durch den Heiligen Geist gegeben wird. Das ist kein Widerspruch. Paulus kann einmal den Geist, ein andermal die Schrift als Quelle der Hoffnung nennen; denn der Geist wirkt durch die Schrift. Auch sonst trennen wir ja nicht zwischen einem Autor und seinem Buch. Wir können ohne weiteres und ohne jedes Missverständnis hervorzurufen sagen: »Dieses Zitat stammt von C. S. Lewis.« Oder: »Dieses Zitat stammt aus dem Buch ›Pardon, ich bin Christ‹ von C. S. Lewis.« So ähnlich, aber unter stärkerer Betonung des Menschen, durch den das Wort vermittelt wurde, verhält es sich auch mit dem biblischen Zitat: »... der du durch den Heiligen Geist durch den Mund unseres Vaters David, deines Knechtes, gesagt hast...« (Apostelgeschichte 4,25; vgl. auch 1,16 und Hebräer 3,7).

Wir stellen also fest: Der Rat des Heiligen Geistes ist so eng mit der Bibel verknüpft, dass er mit ihren Aussagen identisch ist und nur in dieser gefunden werden kann. Paulus spricht deshalb auch von dem Rat bzw. dem Trost der Schrift.

Sowohl der Seelsorger als auch der Ratsuchende sollten sich mit dieser Tatsache vertraut machen. Für den Seelsorger wird sie eine Erleichterung sein: »Ich stehe mit meiner Beratung nicht allein, wenn ich mich auf die biblischen Wahrheiten stütze.« Und der Ratsuchende, der dem Seelsorger gegenübersitzt, wird froh sein, dass er sein Verhalten nicht mehr aus eigener Kraft ändern muss; denn das hat er schon oft erfolglos versucht. Die positiven Veränderungen bringt er nicht selbst zustande. Mit Paulus nennt er sie »Frucht (das heißt Auswirkung) des Geistes«. Gott gibt den Christen die Verheißung, dass sie nach seinem Willen leben können (vgl. Hesekiel 36,27), und durch den Heiligen Geist schafft er es, dass dies praktisch geschieht.

1. Der Heilige Geist gibt dem Seelsorger Verständnis und Weisheit, damit dieser durch das Studium der Schrift erkennen und erklären kann, wie man nach Gottes Willen leben soll. Dies tut er als der Geist der Wahrheit (Johannes 14,17; 15,26; 16,13) und der Weisheit (Jesaja 11,2; 1. Korinther 2,13).

2. Er gibt den Christen die Kraft, den Willen Gottes nicht nur zu bejahen, sondern auch zu tun. Das tut er als der Geist der Heiligung (Römer 1,4).

Dieses zweifache Werk des Geistes ist sehr wichtig, denn der Seelsorger muss die Wahrheit Gottes erkennen, um zu sagen und vorzuschlagen, was Gott will, auch wenn er auf Widerstand stößt und versucht ist, vom biblischen Weg abzuweichen. Und der Ratsuchende sollte nicht nur seine Lage richtig erkennen, sondern auch bereit sein zu tun, was Gott von ihm erwartet. In der biblischen Seelsorge arbeitet der Geist – wie er will – sowohl am Seelsorger als auch am Ratsuchenden; er greift die Probleme von beiden Seiten an.

Was bedeutet die Wirksamkeit des Heiligen Geistes nun zum Beispiel im Blick auf unseren ersten Leitsatz für biblische Lebensberatung: »Die Probleme des Ratsuchenden müssen richtig – und das heißt biblisch – beurteilt werden«?

Der Heilige Geist bringt Erkenntnis der Sünde (Johannes 16,8); dasselbe bewirkt auch die Bibel; sie überführt uns als Übertreter (Jakobus 2,9). Paulus weist nun den jungen Timotheus an: »Predige das Wort.« (2. Timotheus 4,2) Als Erklärung fügt er hinzu: »Weise zurecht, drohe, ermahne.« Das Wort »weise zurecht« wird sonst mit »überführen« wiedergegeben. In Titus 1,9 schreibt Paulus: »... der sich hält an das Wort, das gewiss ist nach der Lehre, auf dass er mächtig sei, zu ermahnen durch die gesunde Lehre und zu überführen, die da widersprechen.« Und in Titus 2,15 betont er: »Solches rede und ermahne und stelle ins Licht (eigentlich: überführe) mit ganzem Ernst.«

Nicht Timotheus oder Titus sind die, die überführen, sondern der Heilige Geist ist es. Es ist allerdings zu beachten, dass er dabei den Verkündiger oder den Seelsorger als seinen Vermittler und die Schrift als sein Werkzeug benutzt.

Ein Lebensproblem kann also erst dann richtig beurteilt werden, wenn der Heilige Geist den Ratsuchenden dazu befähigt, sich in den Worten der Bibel wie in einem Spiegel wiederzuerkennen, und er dadurch von seinen Sünden überführt wird. Dazu ist es nötig, dass wir mit Gottes Maßstab messen. Paulus meint dasselbe, wenn er sagt: »Aber die Sünde erkannte ich nicht, außer durchs Gesetz.« (Römer 7,7)

Alle modernen Versuche, die menschlichen Probleme auf andere Weise lösen zu wollen, müssen scheitern. Ohne Zweifel bewirkt die Sünde Entfremdung, aber sie kann nicht mit Entfremdung gleichgesetzt werden. Auch ungenügende Lernprozesse und schlechte Anpassung an die Mitmenschen spielen mit, aber die Sünde kann nicht mit diesen Dingen gleichgesetzt werden. Sünde führt zu einer falschen Lebenseinstellung; diese aber ist nicht das wirkliche Kennzeichen der Sünde. Die Lebensprobleme erscheinen nur dann im richtigen Licht, wenn in ihnen die grundlegende Dimension der Sünde, nämlich »die durch Gesetzlosigkeit gekennzeichnete Auflehnung gegen Gott« erkannt wird. Wo jemand diese Überzeugung gewinnt, ist das ausschließlich auf den Heiligen Geist zurückzuführen, der durch das biblische Wort wirkt.

Wir haben gesagt, dass der Heilige Geist nicht nur dem Ratsuchenden, sondern auch dem Seelsorger hilft. Der Heilige Geist, der seiner Gemeinde Trost bringt, wirkt durch die, in denen das Wort Christi reichlich wohnt (Kolosser 3,16). Und an einer anderen Stelle sagt Paulus: Ihr seid »erfüllt mit aller Erkenntnis, dass ihr euch untereinander ermahnen könnt« (Römer 15,14). Weder der Ratsuchende noch der Seelsorger können stolz auf Fortschritte sein, die in der Seelsorge erzielt werden. Aller Erfolg ist eine Frucht des Heiligen Geistes. Von ihm hängt alles ab.

Kapitel 7

Der geistliche Kampf in der Seelsorge

Es genügt noch nicht, dass der Christ Gottes Wort annimmt, seine Sünde erkennt und Buße tut. Ziel der Seelsorge ist, dass er auch in Zukunft vor sündhaften Taten und sündigem Verhalten bewahrt wird. Die härteste Nuss gibt ihm dabei immer wieder die apostolische Anweisung zu knacken:

»Was ihr auch gelernt, empfangen, gehört und gesehen habt an mir, das tut; so wird der Gott des Friedens mit euch sein.« (Philipper 4,9) Die Wahrheit hören, kennen und in der Praxis sehen ist noch etwas anderes, als selbst »in der Wahrheit zu wandeln«.

Wir fragen: Wie bringt Gottes Geist den Christen dazu, dass er »in Gottes Geboten wandelt« (Hesekiel 36,27)? Oder mit anderen Worten: Wie kann der Christ den in Galater 5 erwähnten Kampf gegen »die Lüste des Fleisches« erfolgreich führen? Das grundlegende Problem der Seelsorge ist, bleibende Veränderung zu bewirken. Um diese Frage zu klären, wollen wir den Abschnitt aus dem Galaterbrief kurz untersuchen.

Was darin sofort auffällt, ist die betonte Formulierung: »Das Fleisch streitet wider den Geist und der Geist wider das Fleisch« (V. 17). Die beiden »sind widereinander, dass ihr nicht tut, was ihr wollt« (V. 17). Die Worte »was ihr wollt«

beziehen sich auf die Dinge, die Christen gemäß dem Willen Gottes tun.

Es ergeben sich für die Seelsorge wenigstens drei Fragen aus diesem Text:

1. Was bedeutet hier »Fleisch«?
2. Wie lassen sich die »Lüste des Fleisches« überwinden?
3. Wie lässt sich das in der Seelsorge im Einzelnen verwirklichen?

1. Was bedeutet »Fleisch«?

Die Frage nach der Bedeutung des Begriffs »Fleisch« bei Paulus ist viel untersucht worden. Er begegnet uns vor allem (wenn auch nicht ausschließlich; vgl. Römer 13,14; Epheser 2,3) in den schon genannten Versen des Galaterbriefes und in Römer 7 und 8. In jedem dieser Abschnitte wird »Fleisch« einem anderen, positiven Begriff gegenübergestellt: Dem *Geist* als der *»neuen Gesinnung«*, die Christus gibt, und dem *»inneren Menschen«*. Auf der anderen Seite wird »Fleisch« im Sinne von *»der alte Mensch«*, der *»Leib der Sünde und des Todes«*, die *»Glieder des Leibes«*, die *»Geschäfte des Fleisches«*, das *»frühere Leben«*, die *»innewohnende Sünde«*, die *»Sünde in den Gliedern«* und *»das Böse in mir«* gebraucht.

Der Gegensatz ist unüberbrückbar und wird als Kampf im Inneren des Gläubigen ausgetragen. Dennoch ist der Gläubige für die »Werke des Fleisches« verantwortlich, zu denen es kommt, wenn er dem »Willen des Fleisches« nachgibt. Statt der »Lust des Fleisches« oder dem »Bösen in mir« oder der »Sünde in meinen Gliedern« zu gehorchen, kann er ihnen nämlich auch entgegentreten. Die »Lust des Fleisches« muss nicht zu »Werken des Fleisches« führen.

Lehrt Paulus damit etwa den griechischen Dualismus, nach dem der fleischliche Leib, der als böse angesehen wurde, im Gegensatz zur Seele steht, die als heilig galt? Keinesfalls! Das Christentum galt den Griechen als höchst anstößig. Die christlichen Prediger lehrten nämlich, dass der Leib an sich nicht böse, sondern gut sei und erlöst auferstehen würde.

Die Fleischwerdung Christi straft alle griechischen und gnostischen Vorstellungen Lügen, die einen Gegensatz zwischen dem bösen Leib und der guten Seele konstruieren. Die christliche Anthropologie hat sich schon immer gegen diese dualistischen Vorstellungen gewehrt.

Manche Theologen haben sich – vielleicht aus berechtigter Sorge, der Leib könnte wie bei den Griechen als an sich böse angesehen werden – gescheut, die eindeutigen Anweisungen des Paulus über die »Lüste des Fleisches« zu übernehmen. Sie behaupteten, »Fleisch« müsse sich bei Paulus auf etwas anderes als auf den Leib beziehen. Einige haben das Wort dann als menschliches »Ich« verstanden; andere wieder vermuteten einen rein »ethischen« Sinn. In jedem Fall wollte man den Begriff in jeder Beziehung vom Körperlichen lösen.

Das wirft jedoch ein anderes Problem auf: Wie kann ein Mensch mit einem »Fleisch« fertigwerden, das aus einem ethischen Begriff oder seinem eigenen Ich besteht, das aber weder mit dem »inneren Menschen« noch mit der »Gesinnung« identisch ist? Der Kampf spielt sich hier ausschließlich auf einer abstrakten Ebene ab und bringt keine Hilfe für die entscheidenden Lebensbereiche, in denen sich der Christ bewähren muss.

In diesen Bereichen ist aber vor allem die Tatsache von Bedeutung, dass sich der Begriff »Fleisch« zunächst tatsächlich auf das Leibliche bezieht. Diese grundlegende Bedeutung lässt sich nicht so leicht beiseite schieben, wenn man seine schon genannten Synonyme und Verbindungen mit anderen Wörtern bedenkt. Obwohl im Gegensatz zu dem von Paulus beschriebenen »inneren Menschen« nirgends ausdrücklich von einem »äußeren Menschen« die Rede ist, lässt sich diese Verbindung dem Textzusammenhang entnehmen.[1] Welchen Gegensatz zum »inneren Menschen« gibt es denn außer dem Leib sonst noch?

Führt uns dies nicht aber doch zum griechischen Dualismus? Nein. Wir haben es hier nämlich mit einer Antithese zu tun. Jeder wird leicht erkennen, dass in Galater 5 und Römer 6–8 der Geist und der innere Mensch, den der Geist erneuert, als Antithese zum Leib und dessen noch vorhandenen üblen Gewohnheiten steht.[2]

Mit dem Begriff »Fleisch«, den Paulus im negativen Sinn verwendet, ist also der menschliche Leib gemeint, der an die Wege der Welt und nicht an die Wege Gottes gewöhnt ist. Der Gedanke der leiblichen Gewöhnung ist in den entsprechenden Zusammenhängen häufig zu finden. »Fleisch« meint sowohl die »frühere Lebensweise« als auch die »früheren Gewohnheiten«, die in Epheser 4,22 auch mit dem Begriff »alter Mensch« wiedergegeben werden. Es handelt sich dabei um den »alten Menschen mit seinen Werken« (Kolosser 3,9).[3]

Da wir die Glieder unseres Leibes beständig der Sünde zur Verfügung gestellt haben (Römer 6,13.19), sind uns die sündigen Wege in »Fleisch« und Blut übergegangen. Bevor ein Mensch Christ wird, ist er ein gehorsamer Sklave, der die Glieder seines Leibes seinem Herrn, der Sünde, zur Verfügung stellt, um dessen Wünsche auszuführen. Als Christ aber muss er lernen, die Glieder seines Leibes mit der gleichen Willigkeit Gott zur Verfügung zu stellen.

Die Macht der Gewohnheit ist groß. Es ist nicht leicht, Gott mit einem Leibe zu dienen, der noch zum Teil an die Sünde gewöhnt ist. Auch dann, wenn der Gläubige den aufrichtigen Wunsch hat, nicht mehr zu lügen, seine Zunge im Zaum zu halten, nicht aufzubrausen und viele andere Laster loszuwerden, wird er es aus eigener Kraft nicht schaffen. Im Galater- wie im Römerbrief ist der Weg beschrieben, der zum Sieg führt. Damit kommen wir zur nächsten Frage:

2. Wie lässt sich die »Begierde des Fleisches« überwinden?

Die Antwort des Paulus ist eindeutig: »Wandelt im Geist, so werdet ihr die Lüste des Fleisches nicht vollbringen.« (Galater 5,16) Zwei Verse weiter fügt er hinzu, dass dieser Wandel unter der Leitung des Geistes geschieht (V. 18). Und im Römerbrief (8,13-14) sagt er dann: »Denn wenn ihr nach dem Fleisch lebet, werdet ihr sterben müssen; wenn ihr aber durch den Geist des Fleisches Geschäfte tötet, so werdet ihr leben. Denn welche der Geist Gottes treibt, die sind Gottes Kinder.«

Das ist eindeutig. Der Geist Gottes führt den Gläubigen zu einer neuen Lebensweise. Es ist nötig, dass wir uns dieses »Führen« noch etwas genauer ansehen, denn es geschieht nicht so, wie man es sich (in oberflächlicher Weise) oft vorstellt. Das Ziel ist besonders schön beim Propheten Hesekiel mit den Worten beschrieben: »Ich will meinen Geist in euch geben und will solche Leute aus euch machen, die in meinen Geboten wandeln und meine Rechte halten und danach tun.« (Hesekiel 36,27)

Wenn nun ein Ratsuchender kommt und sagt: »Ich *spüre* aber nichts von einer Führung«, sollte ihn der Seelsorger darauf hinweisen, dass dies auch nicht notwendig ist. In beiden Stellen (Römer 8,1-15; Galater 5,16-18) wird nichts davon gesagt, dass der Christ in seinen Entscheidungen durch seine *Gefühle* geführt wird. Vielmehr wird der Christ dort als ein Mensch dargestellt, der durch den *Geist* zu einem neuen Leben geführt wird, indem er den Willen Gottes tut. Die Betonung liegt auf der vom Geist geschenkten Kraft, die eine neue Lebensweise ermöglicht. So bezieht sich der erste Teil von Römer 8 auf das christliche Leben, das nach dem Geist (V. 4 und 11) und mit einer geistlichen Gesinnung (V. 6 und 9) gelebt werden muss. Die Führung des Geistes ist deshalb eng mit dem »Töten der fleischlichen Geschäfte« verknüpft (V. 13). Von schönen Gefühlen ist nirgendwo die Rede.

Ein Christ ist also ein Mensch, der durch den Hirtendienst des Geistes auf die Wege der Gerechtigkeit geführt wird, indem er die sündigen Gewohnheiten seines »alten Menschen« tötet und Früchte des Geistes hervorbringt. Nach den Worten des Paulus kann man einen Gläubigen an dem Prozess der Heiligung erkennen, der ihn zum Guten hin verändert.

In Galater 5,16 fordert Paulus die Christen auf: »Wandelt im Geist, so werdet ihr die Lüste des Fleisches nicht vollbringen.« Der Geist gibt dem Gläubigen die Kraft, das Verlangen des Fleisches (d. h. die im Leibe angelegten sündigen Triebe, die sich entfalten wollen) zu überwinden, so dass er die »Werke des Fleisches« nicht zu tun braucht. Er führt ihn auch zu einem neuen Verhalten, das dem neuen Wandel eines Christen entspricht. Oder anders ausgedrückt: Der Heilige Geist führt den Gläubigen dahin, dass er die »Früchte des Geistes« hervorbringt.

Wenn Paulus von der Führung durch den Heiligen Geist spricht, hat er immer die Heiligung als ihr Ziel im Sinn. Er denkt dabei also nicht an besondere Offenbarungen, Eindrücke, Gefühle oder persönliche Erlebnisse, sondern an die Kraft des Heiligen Geistes, die den Gläubigen dazu ausrüstet, die Begierde des Fleisches zu überwinden und eine neue Lebensweise einzuüben. Damit kommen wir zur dritten Frage.

3. Wie kann der Christ den Kampf gegen das »Fleisch« gewinnen?

Die Antwort ist für die Seelsorge entscheidend. Wir wollen sie hier aber nur kurz besprechen, da ich sie an anderer Stelle ausführlich behandelt habe.[4]

Machen wir uns das Problem an einem Beispiel klar: Einem Ratsuchenden fällt es schwer, bei der Wahrheit zu bleiben. Weil er Christ ist, weiß er, dass Gott die Lüge nicht liebt. Trotz guter Vorsätze und viel ernstem Gebet muss er aber erkennen, dass er sozusagen »automatisch« lügt, sobald er unter Druck kommt. Manchmal sind ihm die Lügen bereits über die Lippen gerutscht, bevor er es merkte. Er reagiert so, weil sein »Fleisch« nach alter Gewohnheit immer wieder in der Lüge Zuflucht sucht.

Nehmen wir ein anderes Beispiel: Vielleicht hat der Ratsuchende früher viel gestohlen. Er wird erkennen, dass es nicht genügt, eine Zeit lang nicht mehr zu stehlen, um kein Dieb mehr zu sein. Wie wird er mit dem Verlangen des »Fleisches« fertig? Was tun Drogenabhängige, Alkoholsüchtige und Homosexuelle, die erkannt haben, dass man auch mit gutem Willen nicht einfach von diesen Dingen loskommt? Wie kann man ihnen helfen?

Es gibt nun christliche Seelsorger, die dieses Problem zu lösen versuchen, indem sie auf die Frage: »Wann ist ein Dieb kein Dieb und ein Lügner kein Lügner mehr?« antworten: »Wenn der eine zu stehlen und der andere zu lügen aufhört.« Aber das bringt eben nicht weiter. Der biblisch orientierte Seelsorger wird sich deshalb an Epheser 4 und Kolosser 3 halten, wo Paulus sagt, dass der »vorige Wandel« und die »Werke des alten Menschen« abzulegen und »der neue Mensch« anzuziehen ist.

Wenn ein Lügner aufhört zu lügen, hat er nur die Hälfte von dem getan, was Gott von ihm erwartet. Denn ein Lügner ist immer noch ein Lügner, auch wenn er im Augenblick nicht lügt, und ein Dieb ist immer noch ein Dieb, auch wenn er im Augenblick sein »Handwerk« nicht ausübt. Ein Lügner ist nur dann kein Lügner und ein Dieb nur dann kein Dieb mehr, wenn sie etwas anderes geworden sind. Paulus schreibt: »Darum legt die Lüge ab und redet die Wahrheit, ein jeglicher mit seinem Nächsten, weil wir untereinander Glieder sind.« (Epheser 4,25) Und: »Wer gestohlen hat, der stehle nicht mehr, sondern arbeite und schaffe mit seinen Händen etwas Gutes, auf dass er habe zu geben dem Bedürftigen.« (Epheser 4,28) Auf die Frage: Wann ist ein Dieb kein Dieb mehr?, müsste also die Antwort lauten: Wenn er einer geregelten Arbeit nachgeht und den Bedürftigen gibt.

Der Heilige Geist führt nicht nur aus dem alten Leben heraus, sondern auch in das neue Leben hinein. Mit seiner Hilfe kann es der Christ lernen, den »Begierden des Fleisches« zu widerstehen und die »Werke des Fleisches zu töten« (Römer 8,13), um stattdessen »Früchte des Geistes« hervorzubringen. Erst wenn neue Verhaltensweisen eingeübt sind, kann das »Fleisch« nicht mehr herrschen.

Das Ziel der christlichen Seelsorge ist also ein neues Leben mit neuem Verhalten. Wenn es beim Ratsuchenden nicht zu dieser doppelten Veränderung kommt, ist das Ziel nicht erreicht. Der Seelsorger wird also nicht ruhen, bis die neuen Wege Gottes im Leben des Ratsuchenden verwirklicht sind.

Kapitel 8

Praktische Beispiele

In diesem Kapitel möchte ich einige der gefundenen Grundsätze anhand von Beispielen konkretisieren. Ich werde mich dabei aber auf den einen Aspekt beschränken, wie der Seelsorger in dem einen oder anderen Fall die Bibel anwenden sollte, ohne die Durchführung der gesamten Beratung zu besprechen.

Sie werden beim ersten Beispiel merken, dass hier mehrere Probleme zusammenkommen (wie in den meisten Fällen). Ich werde aber nur das erste und zunächst wichtigste herausgreifen.

»Ich mache Schluss!«

Um ein Uhr nachts klingelt bei Ihnen das Telefon. Sie sprechen mit Frau M., einer Frau in den mittleren Jahren, Mutter von zwei fast erwachsenen Töchtern. Frau M. gehört zu Ihrer Gemeinde. Obwohl sie in letzter Zeit nicht im Gottesdienst war, haben Sie nichts von Schwierigkeiten in der Familie gehört. Während des Telefongesprächs stellen Sie fest, dass Frau M. offensichtlich getrunken hat und, was noch schlimmer ist, droht, Selbstmord zu begehen.

Auf die Frage, wie sie sich denn das Leben nehmen wolle, antwortet sie schnell und hörbar erschrocken: »Ich habe hier eine geladene Pistole.« Sie bemühen sich, der Sache auf den

Grund zu gehen, aber Frau M. will nicht über ihre Probleme reden, bevor Sie ihr nicht hochheilig versprochen haben, dass Sie keinem Menschen jemals etwas davon sagen werden.

In dieser Situation kann offensichtlich kein seelsorgerliches Gespräch geführt werden. Es ist wichtig, dass der Seelsorger das erkennt. Solange Frau M. unter Alkoholeinfluss steht, wird man ihren Problemen nicht beikommen. Außerdem stellt sie Forderungen, auf die man sich in der Seelsorge nicht einlassen sollte. Sie möchte absolutes Schweigen über die Sache erzwingen. Die Aufgabe des Seelsorgers kann also zunächst nur sein, die Frau dazu zu bringen, ihre Pistole zur Seite zu legen. Er sollte sich nicht von vornherein zu absoluter Verschwiegenheit verpflichten lassen, sondern sich von Stellen wie Sprüche 12,13 und 20,25 vor übereilten Gelübden warnen lassen. Wenn der Ratsuchende etwas Gesetzwidriges getan hat, sollte der Seelsorger um seinetwillen und auch um der Gesellschaft willen darauf dringen, dass der Ratsuchende diese Dinge ans Licht bringt. Der Seelsorger sollte auch keine als vertraulich ausgegebene Information annehmen.[1]

Der Seelsorger wird also etwa sagen: »Liebe Frau M., Sie können mir vertrauen; ich werde Ihnen so helfen, wie es die Bibel von mir erwartet.« Oder: »Diese wichtige Sache lässt sich nicht am Telefon regeln. Ich werde aber zu Ihnen kommen, und dann können wir in Ruhe darüber sprechen.«

»Ich könnte sie verprügeln!«

»Diese Frau L. macht mich ganz verrückt«, sagt Frau S. dem Seelsorger. – »Was hat Frau L. denn getan, dass Sie so reagieren müssen?« – »Sie steckt beständig ihre Nase in unsere Familienangelegenheiten. Wir hatten Schwierigkeiten mit unserem siebzehnjährigen Sohn Martin, wissen

Sie. Wir beteten, dass der Herr uns helfen möge. Aber Frau L. kommt daher, weiß alles besser und tut, als ob sie allein die Antwort wüsste. Dies sollten wir tun und jenes nicht lassen. Manchmal möchte ich laut aufschreien oder sie einfach verprügeln!«

»Ich kann Sie gut verstehen, Frau S.«, antwortet der Seelsorger. »Eine solche Reaktion ist ganz natürlich. Sie sollten diese Einmischung nicht einfach hinnehmen. Das würde Sie noch mehr frustrieren und Ihnen schließlich gesundheitlich schaden.«

Dieses Beispiel zeigt uns einen Seelsorger, der versagt, weil er sich nicht an die Bibel hält. Er ermutigt nämlich Frau S. dazu, hinter dem Rücken von Frau L. schlecht über sie zu reden. Das steht in direktem Widerspruch zu Epheser 4,31, wo üble Nachrede verboten wird, und zu Jakobus 4,11, wo wir aufgefordert werden: »Verlästert (*katalaleo* = hinter dem Rücken eines anderen negativ reden) einander nicht, liebe Brüder.«

Außerdem nennt dieser Seelsorger sündhaftes Verhalten »natürlich« (im positiven Sinne) und entschuldigt es damit. Bei ihm steht ausschließlich Frau S., das heißt die Folge ihres Verhaltens für sie selbst, im Mittelpunkt; was Gott dazu sagt, bleibt ganz außer Acht. Er unterstützt es, dass sie ihre Schuld auf andere abschiebt. Seinen Worten zufolge ist Frau L. mit ihrer Aufdringlichkeit schuld daran, dass Frau S. so reagieren muss.

Biblische Seelsorge dagegen hält sich an Römer 12,14-21. Hier macht Paulus den einzelnen Christen für den Frieden untereinander verantwortlich (»soviel an euch ist«, V. 18), sie lässt weder Entschuldigungen noch Vergeltungsmaßnahmen zu (V. 18-20), auch verbietet sie, die Schuld auf andere zu schieben (»lass dich nicht vom Bösen überwinden« - V. 21). Immer wieder betont die Bibel, dass Gott vom Gläubigen erwartet, dass dieser mit Gutem auf das Böse reagiert (V. 14.17.20.21).

Der Seelsorger in diesem Beispiel hat versagt, weil er die Probleme genau wie die Ratsuchende selbst beurteilte. Er ignorierte die Worte aus Kolosser 3,16: »Lasset das Wort Christi reichlich wohnen in euch« und ging deshalb von falschen Voraussetzungen aus. Weil diese – wie die von Frau S. – unbiblisch waren, konnte er ihr auch nicht helfen. Man hätte ihr von einem entgegengesetzten, das heißt, von einem biblischen Standpunkt aus raten müssen. Einfühlungsvermögen beweist man noch nicht dadurch, dass man in allem zustimmt, sondern dass man dem anderen um seines Wohlergehens willen auch mit einer anderen Meinung entgegentreten kann.

Wie will man auch einem Ratsuchenden helfen, wenn man meint, er habe schon alles Menschenmögliche getan? Der Seelsorger, der statt dessen eine biblische Alternative zeigen kann, wird für die Probleme sehr oft Lösungen finden, die sich dem Gesichtskreis des Ratsuchenden bisher entzogen haben. Wenn der Ratsuchende schon wüsste und täte, was Gott in dieser Situation von ihm erwartet, müsste er überhaupt nicht in die Seelsorge kommen.

Im Laufe der seelsorgerlichen Behandlung dieses Falles könnte man noch auf Stellen wie Epheser 4,26.29.31.32 und 1. Korinther 14,4-7 zurückgreifen.[2] Der Seelsorger könnte den Text aus dem Korintherbrief folgendermaßen anwenden: Frau S. beurteilt die Worte und das Verhalten ihrer Bekannten von vornherein negativ. Die Liebe erfordert jedoch, dass man alles in einem guten Licht sieht (l. Korinther 13,7: »... sie glaubt alles, sie hofft alles... «). Der Seelsorger hätte ihre Bitterkeit daher nicht »natürlich«, sondern »sündig« nennen und ihr klar machen sollen, dass sie die Ratschläge von Frau L. mit Gottes Hilfe auch positiv umsetzen kann. Durch diese positive Einstellung würde sich dann – trotz unterschiedlicher Meinungen und Charaktere – ein gutes Verhältnis zueinander aufbauen lassen. Seelsorger, die meinen, sie müssten ihr Mitgefühl beweisen, indem sie dem

Ratsuchenden in allem beipflichten, werden bald nichts mehr zu sagen haben. Sie sehen das Problem ja nicht anders als der Ratsuchende selbst.

»Ein Trinker bleibt eben ein Trinker«

Herr K. ist Christ geworden und möchte gern vom Alkohol frei werden. Vor sechs Wochen haben Sie eine weitere Beratungsstunde mit ihm vereinbart. Seine Frau rief Sie aber eine Stunde nach dem vereinbarten Termin an und sagte Ihnen, dass ihr Mann nicht kommen könne.

Herr K. sitzt nun vor Ihnen und bekennt unter Tränen, dass er wieder getrunken habe und seine Probleme doch nicht gelöst seien, wie er erst geglaubt habe. »Ich kann das Trinken einfach nicht lassen. Ein Trinker bleibt eben ein Trinker! Ich habe mich von all den Orten und Leuten ferngehalten, die Sie mir genannt haben. Sogar drei neue Wege nach Hause habe ich mir deshalb gesucht und sie abwechselnd benutzt. Es liegt wohl einfach daran, dass ich nicht genug Liebe zu Gott habe.«

»Wann haben Sie denn getrunken, und wie kam es dazu?«, fragen Sie.

»Ich weiß nicht genau, aber ich meine, es kam wieder dazu, nachdem meine Frau und ich eine Meinungsverschiedenheit hatten. Sie wollte gern ausgehen und den Abend in einem Klub verbringen. Ich war damit nicht einverstanden, weil ich doch das Trinken lassen wollte. Sie ging dann allein fort, und ich kam mir komisch vor...«

Auch die Probleme von Herrn K. müssen auf verschiedenen Ebenen angepackt werden. Ich möchte aber wieder nur an einem Punkt demonstrieren, wie man in diesem Fall die Bibel gebraucht.

Worte haben eine doppelte Zielrichtung: Wir reden zu anderen, und wir reden zu uns selbst. Was wir sagen, wird andere nicht so schnell überzeugen, wir selbst glauben unseren Worten jedoch meistens schnell. Darin besteht die verheerende Wirkung von häufig wiederholten Redensarten und Sprichwörtern.[3]

Bei Herrn K. ist die Behauptung »Ein Trinker bleibt eben ein Trinker!« solch ein gefährliches Wort. Der Seelsorger muss diese Vorstellung korrigieren. In 1. Korinther 6,10-11 wird Trunksucht zu den Sünden gezählt, die das Leben beherrschen. Zum Schluss heißt es aber: »Und solche sind euer etliche *gewesen.*« Dieses Wort sollte der Seelsorger anwenden und sagen: »Gott teilt Ihre Meinung nicht, denn auch die korinthischen Christen konnten ihre Trunksucht mit seiner Hilfe ablegen. Das Wort ›gewesen‹ meint etwas Vergangenes. Durch Gottes Gnade werden auch Sie von Ihrer Bindung frei.«

Wenn jemand vermutet, dass ihm als Alkoholiker nicht mehr geholfen werden kann, wird er nicht die Kraft haben, Versuchungen zu meistern. Der Seelsorger wird Herrn K. anhand von Epheser 4, Kolosser 3 und Epheser 5,18 auch darauf hinweisen, dass Alkoholismus nur durch die beiden biblischen Schritte des Ablegens und Anziehens überwunden werden kann.

»Ich befinde mich in einer besonders schwierigen Lage!«

»Meine Lage ist besonders schwierig«, erklärt Frau M. Ihr Mann studiert noch, und sie kam in die Seelsorge, weil sie berufliche Schwierigkeiten hat. »Ich muss doch arbeiten«, sagt sie. »Mein Mann soll sich ganz auf sein Studium konzentrieren können. Wenn ich meine Arbeit aufgeben würde, müsste er ja arbeiten gehen, und das würde sich dann auf seine Leistung bzw. auf seine Ausbildung auswirken. Ich will ihn deshalb auch gar nicht mit meinen Problemen belasten. Aber Herr Pastor, Sie können mir glauben, meine Arbeit ist unmöglich! Ich komme nicht weiter, weil ich nur auf Dauer des Studiums angestellt bin. Männer, die weniger können als ich, werden vor mir befördert. Mein Chef sagte mir mit bedauerndem Lächeln, die Stimme eines Mannes würde beim Telefonieren mehr Respekt einflößen; männliche Mitarbeiter seien deshalb von größerem Nutzen für die Firma.

Aber noch schlimmer ist, dass mir die Arbeit gar nicht gefällt! Ich verliere mein Selbstvertrauen. Was soll ich nur tun?«

Die Geschichte von Frau M. kann einem schon zu Herzen gehen, und man möchte ihr raten, bei nächster Gelegenheit die Arbeitsstelle zu wechseln. Aber dessen ungeachtet sollte man sich doch fragen: »Kann man Frau M. nicht noch anders helfen?«

Drei Dinge sind zu beachten:

1. Der Seelsorger sollte sich in die Lage von Frau M. versetzen. Sie sagt: »Meine Lage ist besonders schwierig.« Er wird dann auf 1. Korinther 10,13 hinweisen, diesen Vers erklären und möglichst mit eigenen Erfahrungen untermauern. Die Verzweiflung und das Selbstmitleid von Frau M. beruhen nämlich höchstwahrscheinlich auf der falschen, unbiblischen Vorstellung, außer ihr habe noch kein Mensch mit solchen Schwierigkeiten zu kämpfen gehabt. Offenbar hat sie sich eingeredet, dass ihre Lage hoffnungslos ist. Deshalb gebraucht sie Worte wie »niemals«, »unmöglich«, »gar nicht«. (Siehe dazu das vorhergehende Beratungsbeispiel.)

2. In 1. Petrus 3 wird davon gesprochen, dass sich die Frau dem Mann unterordnen soll. Frau M. hat hier aber ohne Wissen ihres Mannes eine Vorentscheidung getroffen, die zu ernsten Ehekonflikten führen könnte. Sie hätte nicht aus falscher Rücksichtnahme die Probleme für sich behalten dürfen. Ihr Mann konnte durch dieses Verhalten nur schwer seine Verantwortung erkennen und übernehmen. Frau M. hätte bereit sein müssen, ihm alles zu sagen, was sie beide betraf.

3. Schließlich ist Frau M. noch über die biblische Arbeitsethik zu informieren, die wir in Kolosser 3 finden. Ein Christ arbeitet letztlich nicht für seinen Chef und für Lohn, sondern er dient dem Herrn Christus. Je stärker er das beachtet, um so leichter wird er mit ungünstigen, äußeren Bedingungen fertig.

Man könnte noch viele andere Fälle in ähnlicher Weise besprechen. Diese sollen aber genügen, um deutlich zu machen, dass schon in der Art und Weise, wie man die Probleme angeht, die biblischen Grundsätze unentbehrlich sind. Ich möchte jedem Seelsorger empfehlen, sich eine Liste von Bibelstellen anzufertigen, die sowohl dem Seelsorger als auch dem Ratsuchenden bei der Lösung der Probleme helfen können. Die Liste der Bibelstellen, die ich im letzten Kapitel dieses Buches gebe, kann dabei eine erste Zusammenstellung sein.

Kapitel 9

Die Bibel als Arbeitsbuch

Die Beachtung der biblischen Prinzipien versetzt den Seelsorger nicht nur in die Lage, eine Beratung erfolgreich durchzuführen. Die Bibel ist auch als Arbeitsbuch in der Beratung selbst von großer Bedeutung. Im *Handbuch für Seelsorge* habe ich das Thema »Hausaufgaben« bereits behandelt[1], ohne allerdings zu berücksichtigen, wie man die Bibel dabei verwendet. Ich will deshalb noch einmal kurz darauf eingehen. Es ist wichtig, dass der Ratsuchende durch Gebet und regelmäßiges Bibellesen die Arbeit an seinen Problemen unterstützt. Wenn er noch nicht täglich die Bibel liest, sollte man ihn dazu ermutigen und ihm, wenn nötig, eine praktische Anleitung geben.

Als besonders hilfreich erwies es sich, mit den Sprüchen Salomos zu beginnen, die in einer zeitgemäßen Übersetzung und zusammen mit einer biblischen Auslegung gelesen werden sollten. Wenn ihm die ersten Kapitel zu fremd erscheinen und mit seinen seelsorgerlichen Problemen nichts zu tun haben, kann er direkt mit den Einzelsprüchen (Kapitel 10ff.) beginnen. Er sollte die Texte langsam und sorgfältig lesen, bis er auf eine Aussage stößt, die für seine Situation eine aktuelle Bedeutung hat. Gewöhnlich rate ich ihm dann, den Spruch mit Hilfe von Auslegungen und biblischen Wörterbüchern zu studieren, damit er dessen Sinn richtig versteht. Danach sollte er darüber nachdenken, was ihm dieses

Bibelwort persönlich zu sagen hat. Er kann sich beispielsweise aufschreiben, welche Gebiete seines Lebens durch diesen Vers angesprochen werden und was er im Einzelnen dazu sagt. Jedes Gebiet sollte sorgfältig überprüft und auf einzelne Fragen konkret eingegangen werden. (Zum Beispiel könnte nach dem Lesen von Sprüche 12,25 in das Studienheft notiert werden[2]: »Herr N. ist unglücklich; ich muss ihm ein Bibelwort sagen, das ihn ermutigt.«)

Mit Hilfe der Bibel kann auch eine Gesprächsrunde vorbereitet werden, die in der Seelsorge manchmal nötig ist (zum Beispiel bei Eheproblemen). Wir sollten den daran Beteiligten zuvor ein Formular (siehe unten) aushändigen, das auf eine Bibelstelle hinweist, die sich unmittelbar mit christlicher Gemeinschaft befasst. Wenn die Teilnehmer diesen Text vor dem ersten Gespräch gründlich studieren, werden Worte und Taten, die sonst das Verhältnis zueinander und die Gemeinschaft untereinander belasten, oft von vornherein vermieden.

Aufbau einer Gesprächsrunde

Ort

Einigen Sie sich über den Ort, an dem Sie sich *regelmäßig* treffen wollen. Suchen Sie sich einen Tisch, der für die nächste Zeit möglichst nur für diesen Zweck gebraucht wird. Sie sollten Ihre Probleme nur dort und nur in dieser Gesprächsrunde besprechen. Es ist wichtig, dass Sie dabei in der ersten Woche vor jeder Zusammenkunft Epheser 4,17-32 zusammen lesen.

Vereinbarter Ort: ______________________________

Vereinbarte Zeit: ______________________________

Zweck

Die Gesprächsrunde dient dem gemeinsamen Gespräch und nicht der Diskussion. Berichten Sie von sich selbst – von Ihren Sünden und Ihrem Versagen – und bringen Sie alles in der Bitte um Vergebung in Ordnung. Bitten Sie um die Hilfe Gottes (vgl. Matthäus 7,4-5). Sagen Sie alle Wahrheit in Liebe.

Schieben Sie keine wichtige Sache bis zum nächsten Tag auf. Nicht alle Probleme lassen sich in *einer* Gesprächsrunde erörtern. Vielleicht müssen Sie sich über eine genaue Reihenfolge für längere Zeit verständigen. Behandeln Sie wichtige Angelegenheiten vorrangig.

Konzentrieren Sie sich auf die Lösung des *Problems* und nicht auf Ihre(n) Gesprächspartner. Ihre Aufgabe ist es, biblische Lösungen zu finden. Sie sollten deshalb immer Bibeln griffbereit haben und diese auch benutzen. Wenn Sie in einer Frage nicht weiterkommen, notieren Sie diese für die nächste Beratung mit dem Seelsorger. Wenden Sie sich dann dem nächsten Punkt zu.

Es wird auch eine Hilfe sein, wenn Sie die Ergebnisse des Gesprächs schriftlich festhalten. Beginnen und beenden Sie die Gesprächsrunde mit Gebet. Es wird Ihnen helfen, wenn Sie wiederholt Epheser 4,25-32 lesen.

Verfahren

Wenn ein Mitglied der Gesprächsrunde ins Diskutieren kommt oder sich aus irgendeinem Grund nicht am gemeinsamen Gespräch beteiligt, sollten die anderen aufstehen und still stehen bleiben. Dieses vorher vereinbarte Zeichen soll bedeuten: »Wir sind der Meinung, das war kein Gespräch mehr.« Ob der eine Recht hatte oder nicht, braucht nicht erörtert zu werden. Nur sollte er seine Gesprächsbereitschaft zeigen, indem er die anderen bittet, sich wieder zu setzen.

Der Seelsorger muss in jedem Fall prüfen, wieweit der Ratsuchende im Stande ist, die Bibel selbstständig zu lesen und anzuwenden. Der einfache Appell »Lesen Sie in der Bibel« genügt meistens nicht, denn viele Ratsuchende haben zwar den Wunsch, sich nach der Bibel zu richten, sie wissen aber nicht, wie sie das machen sollen. Deshalb sollte der Seelsorger bestimmte Texte vorschlagen. Den Umständen entsprechend werden das oft ganz verschiedene Abschnitte sein. (Wenn zum Beispiel Herr T. noch kein Christ ist, sollte er wohl nicht mit Sprüche 10, sondern besser mit dem Johannesevangelium beginnen.)

Ich möchte noch einmal betonen: Eine der wichtigsten Aufgaben des Seelsorgers ist zu zeigen, *wie* man Lebensfragen anhand der Bibel beantwortet; nichts hilft einem Ratsuchenden mehr. Dabei hat er zwischen unmittelbaren Befehlen Gottes und der Erklärung und Anwendung dieser Befehle zu unterscheiden. Manches wird unmissverständlich befohlen oder verboten, anderes muss durch die Anwendung biblischer Grundlinien erst noch geklärt werden.

Der Ratsuchende muss zwischen der Autorität Gottes und dem an der Bibel ausgerichteten Urteil des Seelsorgers unterscheiden können. Es ist also wichtig, dass der Seelsorger, der einen Rat erteilt oder Anweisungen gibt, diesen Unterschied macht, zum Beispiel:

Biblischer Befehl: »Du sollst nicht ehebrechen ...«

Ergebnis: »Herr M., Sie dürfen nicht...«

Praktischer Rat des Seelsorgers: »Rufen Sie am besten gleich die Frau von Herrn L. an und beenden Sie die Beziehung.«

Wenn wir betonen, wie wichtig es ist, die Bibel in der Seelsorge zu gebrauchen, müssen wir zugleich vor ihrem Missbrauch warnen. Sehr oft geschieht das durch einen moralistischen Gebrauch der Bibel, indem man nicht in erster Linie Gottes Ehre sucht, sondern nur die Schwierigkeiten und Nöte des Ratsuchenden beseitigen will.

Die Bibel wird auch in moralisierender Weise missbraucht, wenn man sich zwar nach biblischen Grundlinien oder Handlungsweisen richtet, von denen man sich eine Veränderung verspricht, aber das rettende Handeln Jesu als eigentliches Ziel jeden Dienstes außer Acht lässt (sowohl in der Rechtfertigung als auch in der Heiligung, die beide durch den Heiligen Geist bewirkt werden).

Falsch ist es auch, biblische Texte oder Geschichten *nur als Beispiel* zu benutzen (»Denken Sie zum Beispiel an Daniel, der auch...«), um eine bestimmte Aussage zu untermauern (die vielleicht von Freud, Rogers, Skinner oder anderen übernommen wurde). Das Verführerische an dieser Methode ist, dass die eigenen Bemerkungen und Gedanken durch die Vergleiche mit der Bibel durchaus schriftgemäß klingen. In Wirklichkeit versucht man aber nur, seinen eigenen Gedanken mehr Nachdruck zu verleihen. Der Seelsorger sollte jedoch nicht seine Gedanken mit der Bibel zu belegen versuchen, sondern die Grundsätze der Bibel anwenden.

Der *rezeptartige Gebrauch der Bibel* ist von uns schon kurz erwähnt worden. Die Bibel ist kein Zauberbuch, deren Texte auf magische Weise den Ratsuchenden verändern, ohne dass er den Sinn und den Inhalt dieser Texte verstehen müsste. Sie müssen erklärt und konkret auf die speziellen Probleme angewandt werden. Deshalb nützt es nichts, aus der Bibel nur *abstrakte Wahrheiten* herauszulesen. Zwar ist es wichtig, dass man sich Grundlinien einprägt, damit sie in den verschiedenen Situationen gegenwärtig sind und angewandt werden können. Es muss dem Ratsuchenden aber auch gezeigt werden, *wie* diese praktisch zu verwirklichen sind.

Es gibt für den Seelsorger keine größere Befriedigung, als die Bibel in der Seelsorge richtig zu gebrauchen; man kann mit ihr sehr viel ausrichten. Dem Ratsuchenden wird geholfen, indem man das Wort Gottes in seine Probleme hineinsprechen lässt. Gott wird geehrt, wenn man von menschlicher Weisheit weg auf ihn hinweist. Der Ratsuchende erfährt, dass die Bibel ein sehr praktisches Buch ist; das wird ihn ermutigen, ihr auch bei anderen Schwierigkeiten zu vertrauen. So werden durch den Gebrauch der Bibel in der Seelsorge gegenwärtige Probleme gelöst und zukünftige vermieden.

Kapitel 10

Thematische Liste zum Gebrauch in der Seelsorge

Auf den folgenden Seiten finden Sie eine Themenliste. Es sind Problembereiche, die dem Seelsorger häufig begegnen. Ihnen wurden wichtige Bibelstellen zugeordnet, die sich bei der Behandlung als besonders hilfreich erwiesen haben. Da jeder Seelsorger andere Erfahrungen hat und zu den entsprechenden Sachbereichen auch andere Bibeltexte auswählen wird, ist Raum für zusätzliche Eintragungen gelassen. Eine solche ergänzte Liste kann auch über den engen seelsorgerlichen Rahmen hinaus Verwendung finden. Die Liste ist natürlich nicht vollständig, aber sie ist bestimmt brauchbar. Zu viele Themen und Bibelstellen können den Seelsorger (und den Ratsuchenden) auch verwirren, vor allem wenn schnelle Hilfe nötig ist.

(Die Schuld) auf andere schieben

1.Mose 3,12-13

Spr. 19,3

Angst (siehe Sorge)

Arbeit

1. Mose 2,5.15; 3,17-19

Spr. 14,23; 18,9; 21,5; 22,29; 24,27; 31,1-31

1. Kor. 15,58

1.Thess. 4,11

2. Thess. 3,6-15

Alkoholismus (siehe Trunksucht)

Bekennen der Sünde

Spr. 28,13

1. Joh. 1,9

Jak. 5,16

Eifersucht (siehe Neid)

Bitterkeit

Spr. 26,24-26

Hebr. 12,15

Buße

Luk. 3,8-14; 24,47

Apg. 3,19; 5,31; 17,30; 26,20

2. Kor. 7,10; 12,21

Demut

Spr. 3,34; 15,33; 16,19; 22,4; 29,23

Gal. 6,1-2

Phil. 2,1-11

1. Petr. 5,6.7

Jak. 4,6.10

Ehebruch

2. Mose 20,14

2. Sam. 11,2ff

Spr. 2,16-18; 5,1-23; 6,23-35; 7,4-27; 9,13-16

Hosea (das ganze Buch)

Mal. 2,13-16

Matth. 5,28; 15,19; 19,9

1. Kor. 6,9-11

Ehescheidung

1. Mose 2,24

5. Mose 24,1-4
Jes. 50,1
Jer. 3,1
Mal. 2,16
Matth. 5,31-32; 19,3-8
Mark. 10,3-5
1. Kor. 7,10-24.33-34.39-40

Eltern/Kinder

1. Mose 2,24
2. Kor. 12,14
Eph. 6,1-4
1. Tim. 3,4-5

Entscheidungen treffen

2. Tim. 3,14-17
Hebr. 11,23-27

Familie

1. Mose 2,18.24
2. Mose 20,12

Flucht

1. Mose 3,8
Spr. 18,1
1. Tim. 6,11
2. Tim. 2,22

Freundschaft

Spr. 17,9.17; 27,6.10
Joh. 15,13-15

Frieden

Spr. 3,1-2; 16,7
Joh. 14,27

Röm. 5,1; 12,18; 14,19
Phil. 4,6-9
Kol. 3,15
Hebr. 12,14

Furcht

1. Mose 3,10
Spr. 10,24; 29,25
Matth. 10,26-31
2. Tim. 1,7
1. Petr. 3,6.13-14
1. Joh. 4,18
Hebr. 2,14-15

Gewissen

Mark. 6,19
Apg. 24,16
Röm. 2,15
1. Kor. 8,10.12
1. Tim. 1,5.19; 3,9
2. Tim. 1,3
1. Petr. 3,16.21
Hebr. 13,18

Gaben

Röm. 12,3-8
1. Kor. 12-14
1. Petr. 4,10-11

Gebot

2. Mose 20,1-21
Spr. 13,13
Luk. 17,3-10

Joh. 13,34; 15,12

1. Joh. 5,2-3

Gehorsam

1. Sam. 15,22

Luk. 17,9-10

Apg. 4,19; 5,29

Eph. 6,1

1. Petr. 1,22

Hebr. 5,8; 13,17

Gemeinde

Eph. 4,1-16

Hebr. 10,25

Offb. 2 u. 3

Gemeinschaft

Eph. 4,25-32

Gerede

Spr. 10,18; 11,13; 18,8; 20,19; 26,20-22

Jak. 4,11

Gewissheit

1. Petr. 1,3-5

2. Petr. 1,10

1. Joh. 5,13.18.19

Hebr. 4,16; 6,11

Gewohnheit

Spr. 19,19

Jes. 1,10-17

Jer. 13,23; 22,21

Röm. 6-7

Gal. 5,16-21

1. Petr. 2,14.19
Hebr. 5,13ff

Hoffnung

Spr. 10,28; 13,12
Röm. 15,4-5
1. Thess. 1,3; 4,13-18
Hebr. 6,11.18-19

Homosexualität

1. Mose 19
3. Mose 18,22; 20,13
Röm. 1,16-32
1. Kor. 6,9-11
1. Tim. 1,10

Kinder (siehe Familie)

Leib

Röm. 12,1-2
1. Kor. 3,16-17; 6,18-20; 15,35-49
2. Kor. 5,1-4

Lebensbeherrschende Probleme

1. Kor. 6,9-12; 10,8
Eph. 5,18
Offb. 21,8; 22,15

Liebe

Spr. 10,12; 17,17
Matth. 5,44; 22,39-40
Röm. 13,10
1. Kor. 13
1. Petr. 1,22
1. Joh. 4,10.19; 5,2-3

2. Joh. 5-6

Lohn/Strafe

Spr. 13,24; 22,15; 29,15

2. Kor. 2,6; 10,6

2. Joh. 8

Hebr. 10,35; 11,26

Lüge

1. Mose 20,16

Spr. 12,19.22

Eph. 4,25

Kol. 3,9

Lust

1. Mose 3,6

2. Mose 20,17

Spr. 10,3.24; 11,6; 28,25

Matth. 6,21

Luk. 12,31-34

Röm. 13,14

Gal. 5,16

Eph. 2,3

Tit. 2,12; 3,3

1. Joh. 2,16

1. Petr. 1,14; 4,2-3

Jak. 1,13-16; 4,2-3

Jud. 18

Mann/Frau

1. Mose 2,18.24

Eph. 5,22-33

Kol. 3,18-21

1. Tim. 2,11-15

1. Petr. 3,1-7

Mutter (siehe Familie)

Neid

Titus 3,3

1. Petr. 2,1

Jak. 3,14-16

Scham

1. Mose 2,25

Spr. 11,2; 13,18

1.Kor. 4,14

1. Petr. 3,16

Sexualität

1. Mose 2,24-25

1. Kor. 7,1-5

Sorge

Spr. 12,25; 14,30; 17,22

Matth. 6,24-34

Phil. 4,6-7

1. Petr. 5,6-7

Stehlen

2. Mose 20,15

Spr. 20,10.22; 29,24; 30,7-9

Eph. 4,28

Stolz

Spr. 8,13; 11,2; 13,10; 16,18; 18,12; 21,24; 27,1; 29,23

Tod

Ps. 23,6

Spr. 3,21-26; 14,32

1. Kor. 15,54-58

Phil. 1,21.23

Hebr. 2,14-15

Trägheit

Spr. 12,24.27; 13,4; 15,19; 18,9; 26,13-16

Matth. 25,26

Trauer

Spr. 14,13; 15,13

Eph. 4,30

1. Thess. 4,13-18

Trunksucht

Spr. 20,1; 23,20.29-35; 31,4-6

Eph. 5,18

1. Petr. 4,3-4

Überführen

Joh. 16,7-11

2. Tim. 3,16-17

Jud. 15

Umgang mit Menschen (gut/schlecht)

Spr. 9,6; 13,20; 14,9; 22,24; 23,20-21; 29,24

Röm. 16,17-18

1. Kor. 5,9-13

2. Kor. 6,14-18

2. Tim. 3,5

Vater (siehe Familie)

Vergebung

Spr. 17,9

Matth. 6,14-15; 18,15-17

Mark. 11,25

Luk. 17,3-10

Eph. 4,32

Kol. 3,13

1. Joh. 1,8-10

Jak. 5,15

Versöhnung

Matth. 5,23-24; 18,15-17

Luk. 17,3-10

Verzagtheit

1. Mose 4,6-7

Ps. 32; 38; 51

Spr. 18,14

2. Kor. 4,8-9

Zorn

1. Mose 4,5-7

Ps. 7,10

Spr. 14,17.29; 15,1.18; 19,11.19; 20,3.22; 22,24; 24,29; 25,15.28; 29,11.22

Mark. 3,5

Eph. 4,26-32

Jak. 1,19.20

Zuhören

Spr. 5,1-2.13; 13,18; 15,31; 18,13

Zweifel

Jak. 1,6-8

Fußnoten

Einführung

1 Die ersten sechs Kapitel dieses Buches habe ich als Vorlesung im Dallas Theological Seminary gehalten. Für dieses Buch habe ich sie noch einmal überarbeitet und durch einige Kapitel ergänzt; der ursprüngliche Vorlesungsstil wurde jedoch größtenteils beibehalten.

2 Das ist ein Hauptgrund, weshalb die Menschen in Schwierigkeiten geraten und Seelsorge brauchen.

3 Ein zunehmendes Problem in unserer Zeit, in der der Mensch für mystische und gefühlvolle Dinge offen ist.

4 So erging es mir selbst. Vgl. »Befreiende Seelsorge«, S. 1-16.

5 In den Pastoralbriefen wird diese Bezeichnung, die aus dem Alten Testament entnommen ist, auf den christlichen Verkündiger angewandt. Siehe auch 5. Mose 33,1; Jos. 14,6; 1. Sam. 9,6; 1. Kön. 17,18.24; 2. Kön. 1,10.12; 4,7; 5,8.

6 Näheres dazu in »Befreiende Seelsorge«, S. 38 ff. und »Handbuch für Seelsorge«, S. 71-73.

7 Martin Lloyd Jones«, »Truth Unchanged, Unchanging«, New York, 1955, S. 16.

8 Bei Eheproblemen vgl. Jay E. Adams, »Christsein auch zu Hause«.

9 Vgl. »Befreiende Seelsorge«, S. 23 ff.

Kapitel 1

1 Vgl. »Handbuch für Seelsorge«, S. 174 ff. und 191 ff.

2 Vgl. »Handbuch für Seelsorge«, S. 195 ff.

3 Hier machen christliche Psychiater und Psychologen oft einen Fehler. David A. Blaiklock tritt z.B. in seinem Buch

»Release From Tension«, Grand Rapids, 1969, dafür ein, dass die biblische Sicht zugunsten des Ratsuchenden aufgegeben werden soll: »So können Christen, die wenig von Sorgen gequält werden, einem Christen mit vielen Sorgen das Leben nur noch schwerer machen. Sie wecken in ihm Schuldgefühle, indem sie das Sorgen als Sünde bezeichnen, statt ihn behutsam zu einer richtigen Antwort zu führen.« (S. 49) Blaiklock ist der Meinung, dass er eine bessere Antwort als die Bibel habe, die das Sorgen als Verletzung eines göttlichen Gebotes sieht (Matth. 6,31.34; Phil. 4,6). Er meint, das Problem sei »teilweise ererbt« (S. 49), bedeutend seien hier auch »die Auswirkungen der wichtigen ersten fünf Lebensjahre« (S. 50). Ist das aber wirklich richtig und barmherzig? Sündiges Verhalten kann durch Christus überwunden werden. Welche Hoffnung hat aber derjenige, der durch »Vererbung« und durch frühkindliche Prägung zum Sorgen neigt?

In der Meinung, barmherziger zu sein als die Bibel, nimmt Blaiklock dem Ratsudlenden auf unbarmherzige Weise die Hoffnung.

4 Vgl. »Handbuch für Seelsorge«, S. 299 ff.

Kapitel 2

1 Mehr dazu in »Handbuch für Seelsorge«, S. 96. 91

Kapitel 3

1 Eine ausführliche Auseinandersetzung mit Carl Rogers in »Befreiende Seelsorge«, S. 68-90.

2 Mehr dazu in »Handbuch für Seelsorge«, S. 81 ff.

3 Das Rorschach-Verfahren besteht aus der Vorlage von zehn Karten, auf denen sich klecksartige Figuren befinden. Die Testperson soll nun erzählen, was sie auf

diesen Vorlagen »sieht«. Das Ergebnis wird psychologisch ausgewertet.

4 Pfister war Psychoanalytiker und mit Freud befreundet, außerdem war er ein liberal ausgerichteter Theologe.

5 Wayne E. Oates, »The Bible in Pastoral Care«, Philadelphia, 1953, S. 22-23.

6 Ebenda.

Kapitel 4

1 Seelsorge und Predigt ergänzen einander. Mancher gibt den Rat: »Predige nicht in der Seelsorge!« Warum aber nicht? Wenn jemand gut predigt, wird sein Predigen vieles mit guter Seelsorge gemein haben. Der Rat gilt nur, wenn jemand ein schlechter Prediger ist.

2 Zum Beispiel die Taschenbücher von Jay E. Adams »Festgefahren?« und »Was tun, wenn...?«

3 Mehr dazu in »Was tun, wenn...? – Angst, Ärger, ausweglose Situationen«.

4 William Glasser, »Mental Health or Mental Illness?« New York 1970, S. 1.

5 Vgl. »Handbuch für Seelsorge«, S. 9-13.

6 Natürlich wird man schließlich die Motivation erkennen (vgl. Matth. 7,16).

Kapitel 5

1 Wenn jemand Gott und seinen Nächsten liebt und ohne Rücksicht auf die Folgen (»Mag kommen, was will«) tut, was die Bibel fordert, wird er sich zum ersten Mal von der Angst befreien können. Die Angst vor der Angst schafft Angst. Vgl. dazu »Was tun, wenn...?«

Kapitel 7

1 In Römer 2,28 wird allerdings von »äußerlich am Fleisch« gesprochen.

2 Einschließlich des Verstandes.

3 Hier wird nicht einfach das Wort *ergon,* die Tat, sondern *praxis,* die Art und Weise zu leben, benutzt.

4 Vgl. »Handbuch für Seelsorge«, S. 129 ff.

Kapitel 8

1 Siehe auch »Handbuch für Seelsorge«, S. 186 ff.

2 Die Bedeutung moderner Übersetzungen wird an solchen Stellen deutlich. Ratsuchende, die ohnehin schon durch mancherlei Dinge verwirrt sind, sollten nicht auch noch mit einer unverständlichen Sprache belastet werden.

3 Weiteres dazu in »Handbuch für Seelsorge«, S. 74-80.

Kapitel 9

1 Vgl. »Handbuch für Seelsorge«, S. 217 ff.

2 Man kann sich ein Studienbuch anlegen, in dem man die Ergebnisse seiner Überlegungen und wertvolle Gedanken festhält. Auf jeder Seite sollte man möglichst nur eine Bibelstelle behandeln. Dazu wird die Seite in zwei Rubriken unterteilt: »Bedeutung der Bibelstelle« und »Was sie mich persönlich angeht«. Der zweite Punkt ist wichtig, weil das Ziel eines Bibeltextes nicht zuerst die theologische Weiterbildung ist.

Lehrerin des Guten
Martha Peace

160 Seiten, Pb.
Best.-Nr.: 30829

»[Du aber rede] ... dass sich die alten Frauen gleicherweise so verhalten sollen, wie es Heiligen geziemt, dass sie nicht verleumderisch sein sollen, nicht vielem Weingenuss ergeben, sondern
Lehrerinnen des Guten,
damit sie die jungen Frauen dazu anleiten, ihre Männer und ihre Kinder zu lieben, besonnen zu sein, keusch, häuslich, gütig, und sich ihren Männern unterzuordnen, damit das Wort Gottes nicht verlästert wird.«
Titus 2,3–5 (Schlachter-Übersetzung)

Dieser (oft sehr vernachlässigte) Abschnitt der Heiligen Schrift bildet die biblische Grundlage für dieses Buch. Martha Peace stellt den gläubigen Frauen eine Hilfe zur Verfügung, zunächst den eigenen Charakter von Gott formen zu lassen und dann auch die Verantwortung für den Dienst an anderen (jüngeren) Frauen wahrzunehmen.

Wie gewinne ich Menschen für Christus?
J. Oswald Sanders

112 Seiten
Best.-Nr.: 30857

Dieses Buch wurde von einem Mann geschrieben, der nicht allein die Theorie des Seelengewinnens kannte, sondern diese auch in der Praxis verwirklichte. Heutzutage gibt es nur wenige, die solch ein Wissen um das »Wie« mit Leidenschaft in die Tat umsetzen. Es gibt viele Christen, die noch nie eine Seele für Christus gewonnen haben. Sie wissen nicht, welche Freude ihnen entgeht!

Geistliche Leiterschaft
J. Oswald Sanders

160 Seiten, Pb.
Best.-Nr.: 30855

Mit einer Gesamtauflage von über 500.000 Exemplaren hat sich dieses Buch als ein **zeitloser Klassiker zum Thema Leiterschaft** erwiesen. Die Gemeinde braucht Leiter, die sich selbst von Gott leiten lassen und sich ihm ganz und gar hingeben. *Geistliche Leiterschaft* möchte Sie dazu ermutigen, Ihre Talente und Kräfte Gott zur Verfügung zu stellen und in seinem Dienst brauchbarer zu werden.

»Dieses Buch sollte der ständige Begleiter jedes Unterhirten im Dienste des Heilands sein. Am hilfreichsten ist die Tatsache, dass nicht Methoden, sondern der Charakter, die Hingabe und das Leben vor Gott betont werden. Ich habe das Buch immer wieder gelesen um die Grundlagen meiner Aufgabe besser zu begreifen und habe es dem gesamten Leiter-Team unserer Gemeinde zum Lesen gegeben.«

John MacArthur

Der Mann wie Gott ihn haben will
Gene A. Getz

160 Seiten, Tb.
Best.-Nr.: 30830

In seinen Briefen an Timotheus und Titus beschreibt Paulus eingehend die Qualifikationen für Männer, die irgendeine Funktion in der Gemeinde ausüben. Die meisten der 20 Merkmale oder Eigenschaften, die er anführt, bezieht er in seinen anderen Briefen allgemein auf alle Gläubigen. Darum hat dieses Buch, obwohl in erster Linie für Männer geschrieben, auch Frauen etwas zu sagen.
Dieses Buch zeigt in klarer, biblisch fundierter Weise, wie der gläubige Mann zum reifen Mannesalter in Christus kommen kann. Frauen können hier entdecken, wie sie ihrem Mann die unterstützende Liebe und das Verständnis entgegenbringen können, die er braucht, um zur vollen Reife im Glauben zu gelangen.
Dieses Buch spiegelt die Erfahrungen des Autors mit einer Gruppe von Männern wider, die zusammen das Entstehen der Fellowship Bible Church in Dallas, Texas, erlebten. Dr. Gene A. Getz ist außerordentlicher Professor für praktische Theologie am Theologischen Seminar Dallas und Verfasser einer Reihe von Büchern.

Unterordnung – Einschränkung oder Privileg?
Elizabeth Rice Handford

144 Seiten, Tb.
Best.-Nr.: 30828

Gottes Weg zum Glück und Segen für die Familie führt über die Unterordnung der Ehefrau unter ihren Mann. Wenn eine Frau erkennt, welche Verantwortung in der Unterordnung steckt und diese Verantwortung wahrnimmt, bringt ihr der Plan Gottes Privilegien, Segnungen und Freuden, die sie auf keinem anderen Weg bekommen kann.

Die Autorin fasst das oft umstrittene Thema sehr warmherzig an. Sie spricht aus dem Leben heraus, sowohl aus ihrem eigenen als auch aus dem Leben der vielen Frauen mit denen sie persönlich zu tun hatte. Diese aus dem Leben gegriffenen Beispiele machen das Buch sehr lebendig und praktisch.

Elizabeth Handford macht keine Abstriche von der biblischen Wahrheit, sondern zeigt den reichen Segen, den der Gehorsam gegenüber Gottes Ordnung mit sich bringt. Dieser Segen gilt nicht nur der Frau, sondern ihrer ganzen Familie und ebnet selbst einem ungläubigen Ehemann den Weg zu dem Herrn Jesus Christus.